# 铁路职业道德（第2版）

主 编　孟毅军　龙业江　穆阿立

主 审　陈 光　蒋晓茹

副主编　刁希春　范燕林　李让菲

　　　　张星宇　王 悦

西南交通大学出版社

·成 都·

**图书在版编目（CIP）数据**

铁路职业道德 / 孟毅军，龙业江，穆阿立主编. —
2 版. —成都：西南交通大学出版社，2021.7
ISBN 978-7-5643-8079-3

Ⅰ. ①铁… Ⅱ. ①孟… ②龙… ③穆… Ⅲ. ①铁路运
输－乘务人员－职业道德－职业教育－教材 Ⅳ.
①F530.9

中国版本图书馆 CIP 数据核字（2021）第 125402 号

Tielu Zhiye Daode

## 铁路职业道德（第 2 版）

主编　孟毅军　龙业江　穆阿立

| | |
|---|---|
| 责任编辑 | 孟　媛 |
| 封面设计 | 曹天擎 |

| | |
|---|---|
| 出版发行 | 西南交通大学出版社 |
| | （四川省成都市金牛区二环路北一段 111 号 |
| | 西南交通大学创新大厦 21 楼） |
| 邮政编码 | 610031 |
| 发行部电话 | 028-87600564　　　028-87600533 |
| 网址 | http://www.xnjdcbs.com |
| 印刷 | 成都蓉军广告印务有限责任公司 |

| | |
|---|---|
| 成品尺寸 | 185 mm × 260 mm |
| 印张 | 9.75 |
| 字数 | 207 千 |
| 版次 | 2014 年 7 月第 1 版　　2021 年 7 月第 2 版 |
| 印次 | 2021 年 7 月第 8 次 |
| 书号 | ISBN 978-7-5643-8079-3 |
| 定价 | 29.00 元 |

课件咨询电话：028-81435775

# 前　言

习近平总书记指出，要大力弘扬劳模精神、劳动精神、工匠精神。我国工人阶级和广大劳动群众要继续学先进、赶先进，自觉践行社会主义核心价值观，用劳动模范和先进工作者的崇高精神和高尚品格鞭策自己，将辛勤劳动、诚实劳动、创造性劳动作为自觉行为。如今，中国特色社会主义进入新时代，掀开了中华民族伟大复兴的新篇章。实现中华民族伟大复兴的中国梦不仅要在物质上强大起来，而且要在精神上强大起来。作为我国交通运输业的重要组成部分，铁路行业在我国交通运输领域发挥了重要的作用。遵守铁路职业道德是每个铁路员工在职业活动中必须承担的道德责任和义务。每个铁路员工都应加强铁路职业道德修养，学习掌握科学理论和职业道德的基本知识，理解铁路职业道德的基本规范，明辨善恶是非，全面发展自己、完善自己，成为铁路企业需要的高素质技能型人才。

本教材主要内容包括职业道德、铁路职业道德的原则及规范，铁路职业道德修养的养成，铁路职业生活的法律规范。教材结合当前我国高技能人才培训工作的政策和铁路职业工作的实际，运用大量的铁路案例，系统地阐述了铁路职业道德的原则和规范、铁路职业道德修养以及铁路职业生活中的主要法律规范。教材的编写以案例教学为主，突出活动体验，使学生在参与中获得认知、感受，强化服务铁路的理想、信念。

本书由陈光、蒋晓茹主审，孟毅军、龙业江、穆阿立主编，参加本书编写的人员有：王悦（1~2讲）、李让菲（3~5讲）、张星宇（6~8讲）、范燕林（9~11讲）、穆阿立（12讲）。因教学需要，教材中引用了一些案例资料和图片，未能一一注明来源，特此致谢。

由于编者水平有限，教材中难免有不足之处，欢迎读者在使用中提出意见，以便不断修改完善。

编　者

2021 年 3 月

# 目　录

# 第一讲

## 职业道德　从业之魂

> 行业尽管不同，天才的品德并无分别。
>
> ——巴尔扎克
>
> 实际上，每一个阶级，甚至每一个行业，都有各自的道德。
>
> ——恩格斯

一砖一瓦砌成事业大厦，一点一滴创造幸福生活。世间一切美好，往往都蕴含着职业道德的光芒，凝聚着建设者的品德风范。2019 年 10 月，中共中央、国务院发布的《新时代公民道德建设实施纲要》要求指出，"推动践行以爱岗敬业、诚实守信、办事公道、热情服务、奉献社会为主要内容的职业道德，鼓励人们在工作中做一个好建设者"。明确职业道德内涵、倡导践行职业道德，不仅是新时代公民道德建设的重要内容，也是培育和践行社会主义核心价值观、弘扬民族精神和时代精神的内在要求，对于推进中国特色社会主义事业、建设社会主义现代化国家具有重要意义。

所谓职业道德，是从业者在职业活动中应该遵循的符合自身职业特点的职业行为规范，是人们通过学习实践养成的优良职业品质，它涉及了从业人员与服务对象、职业与职工、职业与职业之间的关系。一个人选择了一种职业，就意味着选择了一种生活，选择了一种做人的准则。

### 🔍【问题聚焦】

在一次铁路系统组织的招聘会上，一个班参加招聘的全体学生穿戴整齐，行为端庄，有序进入会场。会议结束后，其他学生一哄而散，而他们端坐不动，等待最后离场，并请示能否清理会场，最后该班参加招聘的学生全部被录取。招聘领导说："他们表现出来的不仅仅是纪律，更是一种职业道德素质，这对于我们铁路系统尤为重要。"据了解，目前企业录用人才，首先看中的是品行，应聘者品德不好，即使技能再强，企业也不会录取。

## 【思考园地】

1. 进入铁路专业学习，我们应该具有怎样的职业道德素养？
2. 你怎样看待职业道德与良好社会风气、企业发展与个人成才之间的关系？

## 【学习探究】

### 一、职业与职业道德

#### 1. 职业的特征和意义

职业是指人们由于社会分工所从事的具有专门业务和特定职责，并以此作为主要生活来源的社会活动。职业具有以下三个特征。

第一，职业是劳动者在社会分工体系中获得的一种劳动角色。在整个社会生产过程中，有诸多的工种和岗位，这些不同的工种和岗位赋予劳动者以不同的工作内容、劳动方式、知识经验、技能技巧，以及不同的劳动规范、工作职责、行为模式和社会位置，于是劳动者便具有了特定的社会标记和专门的劳动角色，如农民、工人、医生、教师等。

第二，职业是一种社会性的劳动，具有社会性。职业是劳动者在特定的社会环境中所从事的某种社会生产劳动或社会工作，并为社会其他成员所需要及被国家认可。

第三，职业具有连续性和稳定性。劳动者只有在较长时间内连续进行某种社会劳动，并通过这项劳动较稳定地获得一定的经济收入，这种劳动才被视为职业活动。

职业是社会生产力发展、社会分工的产物。原始社会生产力水平低下，社会所需物资以采集游猎获取为主，社会已有分工但无职业概念。随着生产力不断发展，人类历史上出现了第一次大分工，即畜牧业和农业的分工，形成了畜牧业和农业两大职业类别。随着生产力的进一步发展，人类形成了手工业，进而出现了专门的手工业职业。随着分工的进一步深化，产生了商业，出现了商人这一职业。随着社会生产力越来越高，职业也会越来越多。根据《中华人民共和国职业分类大典》，我国将职业归为 8 个大类，1 900 多种职业。

一般来说，职业活动是我们大多数人人生历程中的重要内容和主要活动。那么，人们为什么要从事职业活动？或者说，职业活动在人的一生中具有什么意义呢？

第一，职业是人的谋生需要。在现实社会中，为了自身的生存和发展，人们必须从事一定的职业活动。因为只有从事一定的职业，人们才能获取赖以生存的物质资料。有劳动能力的人，只有从事某种正当的社会职业，才能成为被社会认可的社会成员，从而有尊严地生活在社会中。

第二，职业能促进人的全面发展。职业劳动是人们谋生的手段，但谋生并不是人们生活的全部内容。通过从事一定的职业活动，从业者必然与社会、他人发生各种各样的职业交往与联系，从而促进自身从自然人转化为社会人，个人的智力、体力、知识与技能都会得到提高。

第三，职业是劳动者为社会做贡献的途径。人们从事职业活动，在为个人获得生活资料的同时，也为社会创造了财富。现代社会的劳动者有着十分明确的分工，劳动者通过各自的劳动成果的相互交换，既体现出为他人服务的程度，又衡量出对社会和国家所做贡献的大小。

因此，我们必须以严肃的态度从事职业活动，尊重劳动者以及他们的劳动成果。

## 2. 职业道德的内涵和特征

"凡职业没有不是神圣的，所以凡职业没有不是可敬的。"在社会生活中，每个人都从事着不同的职业。由于职业的不同，人们对社会所承担的职责各不相同，为保证职业责任的履行和实现，社会和行业对从事某职业的人规定了起码的道德要求，这就是职业道德。职业道德是从业者在职业活动中应该遵循的符合自身职业特点的职业行为规范，是人们通过学习实践养成的优良职业品质，它涉及了从业人员与服务对象、职业与职工、职业与职业之间的关系。

职业道德是道德的重要组成部分，有鲜明的特征。

第一，职业道德具有职业性和行业性。职业道德主要约束从事本职业的人员，只适用于这类人员在职业活动中所发生的行为。职业道德规范的内容往往鲜明地反映出社会对具体职业的特殊要求，与本职业的行业特点结合在一起，带有明显的行业特征。

第二，职业道德具有多样性和一定的权力强制性。首先，不同的职业有不同的职业道德要求。其次，职业道德往往采取规章制度、职工手册、岗位守则、服务公约、奖惩条例、行政纪律甚至誓词、口号等多种形式公布于众，用以约束和激励本职业的从业人员。最后，职业道德往往与行政纪律、规章制度等权力规范结合在一起，具有一定的权力强制性。

第三，职业道德具有广泛性和层次性。广泛性表明职业道德是对所有职业从业人员提出的要求。层次性是指，职业道德能容纳多层次、不同水准的道德内容。较低层次的职业道德要求人们尽职尽责地完成本职工作，这是对每个从业人员的基本要求；中层次的职业道德则要求从业者有较强的敬业精神和成就意识，出色地履行职责；高层次的职业道德则蕴含着把职业活动升华为高尚的人生追求、人生理想的道德意境。

职业道德体现了本行业对社会所承担的道德责任和道德义务，是社会和行业对从业人员在职业活动中的态度和行为要求。这种要求主要体现在以下三个方面：一是对本职工作应有的态度和行为的道德要求，如热爱本职的敬业精神、行业内部群体的团结协作精神等，各种职业大都把这部分内容放在首位；二是对本职业技术应有的态度和行为的道德要求，这方面的内容以对技术精益求精、强调效率、讲求质量的敬业精神为主；三是对本职业服务对象应有的态度和行为的道德要求。

### 案例

> **阿西阿呷：彝族列车长 23 载坚守大凉山**
>
> 如果说高铁体现了中国发展的速度，那么"慢火车"传递的则是小康路上"不让一个人掉队"的温度。中国铁路成都局集团有限公司成都客运段 5633/5634 次列车长阿西阿呷就是这份温度的守护者。
>
> 阿西阿呷值乘的"慢火车"从普雄开往攀枝花南，穿越国家重点扶贫地区凉山彝族自治州，最低票价只要 2 元。
>
> 从小在铁路边长大，阿西阿呷对"慢火车"充满感情，更对沿线老乡有着亲人般的情怀。她帮助阿婆、阿公背上百斤的土豆上下车，在列车上搭建临时产房，接生婴儿数十名；她和同事们精心改造车厢，专门划出区域方便彝族老乡堆放农副产品和大件货物，将"慢火车"建成流动的农贸市场。
>
> 为了方便沿线乡亲联系自己，阿西阿呷的手机号 20 年没有变过。一次，一位彝族阿姐打来电话，说自己 8 岁的儿子离家出走了，有人看见他上了阿西阿呷值乘的列车。阿西阿呷立刻通知大家逐个车厢寻找，还逐个车站打电话请求帮忙，后来终于在车厢角落找到了那个小男孩。

"那天晚上，我带他吃了饭、帮他洗了脚，让他挨着我睡。第二天安全把孩子交给她妈妈时，阿姐搂着我的肩膀喜极而泣。"服务彝族老乡，阿西阿呷就像对待自己的家人。

值乘25年，阿西阿呷以"一辈子一趟车"的真情守护着承载大凉山乡亲希望的"慢火车"，守护着万千旅客的出行路。

2020年，阿西阿呷被评为"最美铁路人"。

### 3. 社会主义职业道德的核心和基本原则

为人民服务是社会主义职业道德建设的核心问题，其实质是一个"为什么人服务"的问题，是一切社会主义建设者履行职业职责的精神动力。它决定并体现了道德建设的根本性质和发展方向，规定并制约着道德领域中的种种道德现象。为人民服务就是要求全体社会主义建设者，以人民为中心，开展各项工作，在为人民服务的基础上，开展一切活动。

那么，我们为什么要把为人民服务作为社会主义职业道德的核心呢？

第一，为人民服务既是中国共产党的一贯宗旨，也是党领导下的社会主义国家的主导价值观念，是各项社会主义事业的共同实质和价值导向。

第二，为人民服务是社会主义经济制度和人际关系的客观要求。在我国社会主义基本经济制度的条件下，每个职业劳动者都在为社会、为他人，同时也是为自己而劳动和工作。各行各业的劳动者，只是社会分工不同，没有高低贵贱之分。每个职业岗位上的劳动者都是服务对象，又都为他人服务。全体人民通过社会分工和相互服务来实现共同利益。

第三，为人民服务贯穿于社会主义各行各业具体的职业道德规范中，居于核心地位，起着主导作用。各行各业具体的职业道德规范中都体现着为人民服务的要求，都应把为人民服务作为其职业活动的出发点和归宿，指导和规范人们的职业行为。

集体主义是社会主义职业道德的基本原则，它像一根红线贯穿社会主义道德规范。集体主义强调以集体利益为基础，集体利益高于个人利益；强调个人、集体、国家三者利益统筹兼顾，和谐发展；强调在维护和发展好国家利益、集体利益的情况下，要充分满足个人正当利益。

社会主义条件下，国家利益、集体利益和个人利益在根本上是一致的。在坚持集体主义原则时，要反对两种倾向：一是反对片面强调国家、集体利益，忽视和抹杀个人的正当利益；二是反对不顾国家的利益，片面强调个人利益、小团体利益，例如以权谋私、假公济私、行业不正之风等行为，损害了人民群众利益，败坏了社会风气。

在铁路职业工作中，个人利益与集体利益经常会发生矛盾，如何正确处理这些矛盾，有许多先进事例和先进人物为我们提供了榜样。

我国是人口大国，也是劳动者占主体的国家，"劳动人民最光荣"是对劳动者的肯定和赞扬。国家 70 多年的发展，春运 40 多年的进步都离不开劳动者的奉献，离不开所有普通岗位的平凡劳动者的坚守。平凡、普通并不代表不出彩，他们一样有灿若彩虹的瞬间，为绘就国家的巨幅历史画卷增色添彩。

白班 40 千米，夜班 80 千米，还得负重 10 多公斤的列尾主机，这就是被称为"铁路挑夫"的列尾作业人员每天做的工作。经常累到下班后一步路都不想走，虽然累，但是他们依然日复一日、年复一年地重复着，他们知道自己身上的职责。"干一行，认一行，爱一行"，爱岗敬业不是只有在劳模和标兵身上才能彰显，一个普通岗位的平凡劳动者，一样有他爱岗敬业的方式。做好自己的工作，按时完成自己的任务，无怨无悔地坚守下去，这就是最朴实的爱岗敬业。

案例

12 年奋斗在高铁养护一线，坚守 0.1 毫米技术标准，14 次破解高铁养护难题，4 次荣获局集团公司级以上科技进步奖，以动态检测零出分、静态检查零缺陷的优异业绩，创下了"中国高铁第一坡"养护奇迹。他就是让动车组列车安全穿越大秦岭主峰的工学硕士、中国铁路西安局集团有限公司西安高铁基础设施段总调度长王宏昌。

王宏昌 2008 年从华东交通大学毕业后，到西安工务段当线路工，王宏昌坚持跟着师傅们下现场，在专业实践中提升本领。2009 年郑西高铁预介入工作准备启动，王宏昌第一个报了名。9 个月的时间里，他运用所学知识，先后解决了精测网数据搭接等 6 项技术问题，令工区职工们刮目相看。

不久，王宏昌遇到一个大难题。那是 2009 年 12 月 15 日，综合检测车通过郑西高铁渭南北站 2 号道岔时，检测出的晃车问题让他陷入了困境。越是困难越向前，王宏昌运用传统的养护手段对道岔各部分尺寸进行测量，反复比对设计参数，发现数值都没有超标，但晃车问题依然存在。国内外高铁专家先后来到现场，几番测量分析，也没有给出答案。

不服输的王宏昌多次添乘综合检测车，感受晃车症状，一遍遍推敲原因。一个月后，车轮压过道岔，由基本轨过渡到尖轨时，一次异常突变引起王宏昌的警觉。

难道是尖轨和基本轨的高度差存在问题？带着疑问，王宏昌主动联系道岔厂家。原来，高铁上有个新的技术指标叫"尖轨降低值"，超过规定限度就可能造成列车晃车。

王宏昌赶紧按照设计标准进行实测，结果发现"尖轨降低值"超出 0.9 毫米，这就是晃动的"真凶"。他立即组织调整相关配件，晃车难题迎刃而解。随后，他总结的"尖轨降低值 5 点工作法"在西安局集团公司管内推广应用。

哪里有需要哪里就有王宏昌的身影。2014 年至 2017 年间，王宏昌参与了多条高铁的静态验收、动态验收，解决 10 余项技术难题，发表论文 6 篇。

**资料卡片**

职业道德规范的基本内容：

（1）爱岗敬业：干一行爱一行，爱一行钻一行，精益求精，尽职尽责；

（2）诚实守信：诚实劳动、合法经营、信守承诺、讲求信誉；

（3）办事公道：做到公平、公正，不损公肥私，不以权谋私，不假公济私；

（4）服务群众：热情周到、满足需要；

（5）奉献社会：在工作岗位上兢兢业业地为社会和他人做贡献，是社会主义道德的最高目标指向。

## 二、职业道德与成功法则

职业道德与社会物质生产相联系，更直接和更集中地反映出一定社会时代的道德水准，是社会文明与进步的标志之一。一个人的道德觉悟，往往通过他的本职工作表现出来。一个企业、一个集体良好声誉的形成，来自每一个员工良好的职业行为。整个社会的道德风尚，也是由社会中各行各业对坚持把公众利益、社会利益摆在第一位的坚持与践行体现出来的。职业道德是社会主义道德建设的窗口。良好的职业道德是一个人成功的必备条件。

**1. 良好的职业道德是社会和谐发展的基础**

我们所要建立的社会主义和谐社会，是政治民主、公平正义、诚信友爱、充满活力、安定有序、人与自然和谐相处的社会。人与人之间的和谐相处，社会的安宁，是同各个岗位上员工的工作责任、服务态度、服务质量密不可分的。

**2. 良好的职业道德是企业持续发展的动力**

产品和质量是企业的生命，任何企业若不能保证它所提供的产品和服务的质量，就摆脱不了破产和倒闭的命运。职工是企业最基本的组成单位，只有从每一个员工的素质入手，强化职业道德教育，提高员工的整体素质，企业才能在市场占有一席之地。

**案例**

《北京晨报》的一则报道说：一公共汽车司机在行车途中突发心脏病，临死前他用最后一丝力气踩住了刹车，保证了车上二十多个人的安全，然后他趴在方向盘上离开了人世。他生命的最后举动，说明在他心里，时刻想到的是要对乘客的安全负责，他虽然是一个普通人，却体现出高尚的人格和职业道德。

只有各行各业都讲职业道德，人人都像这位司机一样，各司其职、各负其责，整个社会才会呈现出和谐、幸福、安宁的面貌。只有这种优良的职业道德风尚的传承，才能促进和谐社会的建立和发展。

**案例**

华为创立于 1987 年，是全球领先的 ICT（信息与通信）基础设施和智能终端提供商。华为公司致力于把数字世界带给每个人、每个家庭、每个组织，构建万物互联的智能世界：让无处不在的联接，成为人人平等的权利；为世界提供最强算力，让云无处不在，让智能无所不及；让所有的行业和组织，因强大的数字平台而变得敏捷、高效、生机勃勃；通过 AI 重新定义体验，让消费者在居家、办公、出行等全场景获得极致的个性化体验。目前华为约有 19.4 万员工，业务遍及 170 多个国家和地区，服务 30 多亿人口。

华为的职工坚守尽职尽责、团结合作、学习创新、客户第一的准则，全心全意地投入工作，坚持干一行、爱一行、专一行，脚踏实地，一丝不苟，精益求精，不断地把事情做得更好，坚持创新理念。2021 年 1 月，incoPat 专利数据库公布了《2020 年公告发明授权专利年报》。根据国家知识产权局的数据，统计了国内外企业 2020 年在中国所获得的专利授权数量。专利授权数据包括计算、通信、测量、电气、医学等各技术领域，其中华为总授权专利数量达到了 6 393 件，高居第一。

3. 良好的职业道德是做人的根本，是事业成功的助推器

人生在世，两件事最重要：一是做人，一是做事。做人就是一个人要有良好的

道德修养，并能按道德标准去处理好各种社会关系；做事就是在一定社会关系中充分发挥自己的才智，做好各方面工作并获得社会认可。做人和做事，是伴随人一生的重要课题。

🚄 **案例**

> 　　姜新松，1979年出生，壮族，中国铁路南宁局集团有限公司柳州供电段柳州供电三车间技术员，获得全路优秀共产党员、广西五一劳动奖章、全国铁路劳动模范等荣誉。
>
> 　　姜新松从部队退役后，毫不犹豫投身铁路事业。为满足黔桂线电气化工作的需要，姜新松被分配到了供电专业。功夫不负有心人，姜新松考出优异成绩，顺利入职柳州供电段。姜新松每天一上班就紧跟在师傅身后，仔细观察他们如何处理故障，积极吸取经验，补足自身短板。可以说，群众的眼睛是雪亮的，姜新松平日里的一举一动，同事们都看在眼里、记在心上，这也让姜新松快速成为业务上的尖兵。
>
> 　　自己历经千辛万苦所酿造的生活之蜜，肯定比轻而易举拿来的更有滋味。有班组老师傅的悉心指导外加自己的努力和拼搏，姜新松凭着聪颖好学很快练就了一身过硬的技术本领。在2011年柳州供电段举行的技术比武中，他获得了第二名的好成绩。因为业务过硬，姜新松不久后当上工区班长，成了名副其实的"兵头"。姜新松虽然只是铁路生产一线的一名普通职工，但是日复一日、年复一年踏踏实实地干事，也能成就一番事业。

　　通过这个事例我们看到，有了崇高的道德，就能在平凡的工作岗位上为人民做出不平凡的贡献。道德的力量是巨大的，道德是做人的根本。

　　"首先是做人，其次是技能"，这已成为众多企业录用人才的共识，职业院校人才培养目标是培养面向生产、建设、管理、服务第一线需要的"下得去、留得住、用得上"，实践能力强，具有良好职业道德的高技能专门人才。做一个称职的劳动者，首先必须具有良好的品德，职业道德是事业成功的助推器，甚至可以成就人的一生。

🚄 **案例**

> ### 2019最美铁路人——郭锐
>
> 　　在中国高铁摇篮之一的中车四方股份公司，钳工首席技师郭锐可谓高铁转向架的大百科。从"和谐号"到"复兴号"，13种型号25种转向架装配的每道工序，都烙在郭锐脑中。

为了打造纯中国血统的"复兴号"，核心部件转向架采用了全新的分体式轴箱设计，轴箱内孔公差必须控制在 0.04 毫米以内。可试制初期，装配就是不达标。凭借 18 年的工作经验，郭锐带领团队设计了 90 种装配方案，经过上千次的反复验证，终于找出了最佳装配方案。

"复兴号"有 50 多万个零部件，类似于"0.04 毫米"的难题数不胜数。为了将装配工艺固化为作业规范，郭锐带领团队共编制了 220 份作业要领书，被同事们誉为"复兴号"转向架组装的必备"宝典"，更形成了中国高铁工艺标准体系。

为了让更多的动车组上线运行，郭锐带领团队改进工艺和装备，使企业转向架产能提高近 3 倍，研发成果还获国家实用新型专利授权。外国专家时隔多年来访，看到新设计的工艺装备和装配方法后非常惊讶，忍不住掏出手机询问是否可以拍照学习。这让郭锐不禁感慨，"只有将关键核心技术牢牢掌握在自己手中，腰杆才会挺得更直！"

郭锐——当之无愧的最美铁路人！

## 三、市场经济呼唤职业道德

社会主义市场经济与职业道德是相辅相成、不可分割的。市场经济对职业道德的形成具有双重作用。

一方面，市场经济具有平等性、自主性、竞争性、趋利性等基本特征，市场经济对职业道德有积极的促进作用。社会主义市场经济的确立与发展，促进了社会生产力的发展和经济的繁荣，为职业道德建设奠定了坚实的物质基础。同时，还破除了在自然经济基础上形成的保守散漫，缺乏竞争意识、效率意识、民主意识和开拓创新精神的痼疾，从而有利于形成新的职业道德观念，有利于构建新的职业道德体系。

另一方面，市场经济是一把"双刃剑"，市场经济对职业道德也有消极作用。市场经济的趋利性，容易导致拜金主义、享乐主义和极端个人主义的滋长蔓延。就职业道德方面而言，有的人职业理想空虚，价值取向变异，唯利是图，"利大大干，利小小干，无利不干"；有的人职业纪律淡化，法治观念淡薄，以权谋私、以职谋私；有的人小团体主义、本位主义意识强，损人利己，损公肥私等。市场经济的等价交换原则一旦渗透到社会生活领域，把人的良心、友谊以及人的全部生活变成可标价的商品，会导致市场意识和商品意识的泛化。

无论是对企业还是个人，职业道德都是不可或缺的一个重要的组成部分，违背职业道德会给企业和社会带来损失。目前职业院校部分学生职业道德观念的淡薄和缺失，无论是对个人发展，还是对企业的生存竞争，都是极为不利的。

　　小张是一所铁路职业院校的毕业生，在他看来，自己各方面条件都一般，有一份工作就不错了。在就业市场打拼个把月后，终于有一家铁路企业决定聘用他，尽管这家企业的各方面待遇不算太好，但小张还是签了协议，他担心"过了这个村就没了这个店"。工作了一段时间，艰苦的铁路沿线环境使他打了退堂鼓，终于有一天他不辞而别，离职而去。原来他应聘到了另一家企业。原企业领导知道后暴跳如雷，但又无可奈何，从此该公司决定该学校的毕业生一个也不要。

　　有小张这种经历的职业院校学生不少，就业协议是毕业生、用人单位和学校在毕业生就业工作中权利和义务的书面表现形式。就业协议一经签订，就具有法律约束力，必须严格履行。履约既是法律范畴，又是道德范畴，即便要毁约也要取得用人单位谅解。近年来，此类现象屡见不鲜，究其原因，主要是诚信意识不强。很多学生把签约当儿戏，脚踏两只船，把个人利益摆到第一位，缺少公德心。

　　随意毁约具有很大的社会危害性。损害了用人单位的利益，损害了学校的声誉，也有损人格。毁约意味着毁掉了信誉，损害了社会风气。如果毕业生职场中第一份协议被毫无顾忌地撕毁，对于毕业生职场诚信方面的素质养成无疑会形成很大的负面影响。无论有什么理由，只要不想按照约定工作，就是违约。因此，对待协议要慎重，不能出尔反尔，把协议当儿戏。诚然，学生有选择就业单位的权利和自由，但这必须是在签约之前，协议一旦签订，就必须履行，这是最基本的法律和道德规范。

　　深圳有家电子企业很重视员工的技能培训，几年下来便拥有一批得力的技工，成为生产骨干，他们解决问题能力强，一时间订单不断，利润大增。老板欣喜若狂，对这批骨干宠爱有加，频频加薪宴请，嘘寒问暖，劳资双方真个"如胶似漆"，宛如"蜜月情侣"。

　　谁知好景不长，那个技工头目本是老实人，但几年下来满脑子只有钞票美酒，本分的他逐渐变得自私贪婪，眼珠子整天贼溜溜地转。和老板酒酣耳热之际竟萌生了歪念：我有一批骨干，老板没我不行，何不敲他一杠？开始时借意暗示，果然得手；继而便得寸进尺，私欲一发不可收拾。稍不遂意便带头怠工，以集体跳槽威胁，最后竟然在外商验货之际做了手脚，使企业损失惨重。老板怒不可遏，把这批技工全部炒掉，企业元气大伤。遭此一创，老板心中阴影难消，再招技工时颇为踌躇。而那批被炒的人今后要改邪归正，做个有技术有品德的好员工，恐怕也不易了。

　　一个具有良好职业道德的人应该忠实于所服务的企业，爱岗敬业、尽职尽责，与单位共存共荣，即使利益暂时受到影响，也要顾全大局，决不能见利忘义、唯利是图、见异思迁。违背忠诚，无论是个人还是组织都会遭受损失。忠诚首先表现在忠诚所属企业，就是心中始终装着企业，总是把企业的兴衰成败与自己的发展联系在一起，愿意为企业的兴旺发达贡献自己的力量。忠诚还要求职业人要自觉维护企业信誉，维护企业的利益。企业出现困难时，可能许多人会选择离开企业，但如果你能留下来替领导出主意、想办法，帮助企业顺利渡过难关，在关键时刻帮助了领导，领导会非常信任你，会将重任交给你，对你今后的发展会有很大的帮助。

**案例**

> 　　某职业院校毕业生小李，在铁路物资部门做物资管理工作，试用期半年，每天忙忙碌碌的事很多，除了物资管理，有时还需要跑外勤，段里有其他事务忙不过来时，领导就安排她做。她对领导说："为什么你总让我干这干那，为什么不让其他人去干呢？"赌气之下她提出辞职，原因是自己干得太多、太苦、太累。领导苦心挽留，无奈她还是走了。领导忠告小李：多干事你感到的是辛苦，得到的却是才能。

　　对于初出校门的职业学校学生，在从业中要多学多干，才能尽快适应企业单位，提高从业能力。只有在干中学，才能增加阅历，增长才干，才能在干的过程中让领导、同事感受到你的素质、能力。在工作中，无论遇到什么情况，都不应该为自己寻找抱怨、偷懒、渎职的借口，因为我们不仅仅是为单位工作，为工资工作，更是在为自己工作，为自己的未来工作。应该把工作当作一种属于自己的事业，用心去做，去经营。工作不仅为我们带来薪酬，丰富我们的阅历，提升我们的能力，而且为我们下一步的发展打开空间。只有认真工作，才会赢得一个美好的人生。

**案例**

> 　　2008年4月28日4时38分，由北京开往青岛的T195次旅客列车运行至济南铁路局管内的胶济线下行线王村至周村间K290+800m处，因超速机后9~17位车辆脱轨，并侵入上行线。4时41分，由烟台开往徐州的5034次旅客列车运行至胶济线上行线K290+850m处与侵入线路的T195次第15~16位车辆发生冲撞，造成5034次机车及机后1~5位车辆脱轨，多人死亡，400多人受伤，中断胶济上下行行车21小时22分，构成铁路交通特别重大事故。

　　这起事故，是一起典型的由多层次隐患、多方面失控和管理失误造成的事故。多条鲜活的生命瞬间逝去，数百名伤残旅客饱受痛苦，铁路运输设备遭到严重损坏，而这一切仅仅是因为施工慢行限速命令传递环节出现的严重疏漏造成的，这起特别重大事故的发生绝非偶然，而是工作人员责任心淡薄而引发的血的教训。

工作责任心是衡量一名员工职业道德素质高低的核心内容之一。责任心是敬重自己的工作，把工作当成自己的事，具体表现为忠于职守、尽职尽责、一丝不苟。责任心就是单位对员工行为的规范和要求。在一个单位上工作，不仅有向他人和单位索取的权利，还有向他人和单位付出的义务。事实上，权利和义务是相互依存的。当你得到某种权利的时候，就必须承担某种义务和责任。责任能让人敬业，责任能传递诚信，责任能让人尽职，责任能激发潜能，具有责任心的员工不需要强制，不需要责难，甚至不需要监督。他们把工作内化为自身需要，把职业的责任升华为博大的爱心，于平凡中创造奇迹。

古人云："在其位，谋其事，尽其责。"讲的就是基于自己的职责而尽心尽力办事的道理。在日常工作中，每个人的岗位不尽相同，承担的责任有大小之别，但要把工作做得尽善尽美、精益求精，就必须具备强烈的事业心和责任感，自觉把岗位职责铭记于心。一个人的责任心如何，决定着他在工作中的态度，决定着其工作的好坏和成败。一个人如果没有责任心，即使他有再大的能耐，也做不出好的成绩来。有工作责任心，我们才能有不断进步的动力，才会有勤奋工作的热情。

### 【思考题】

1. 什么是职业道德？职业道德有哪些特征？
2. 为什么说为人民服务是社会主义职业道德的核心？
3. 职业道德与和谐社会、企业发展、个人成才之间的关系是什么？
4. 市场经济对职业道德双重作用的具体表现是什么？

### 【活动】 体验行业职业道德要求

1. 活动目的

走进企业实习，了解与本专业相关的行业职业道德规范。从我做起，从小事做起，自觉养成良好的道德行为习惯。

2. 活动实施

（1）利用在校内实训基地的顶岗实习，收集、整理与本专业相关的行业职业道德规范。

（2）与已经走向工作岗位的本校优秀毕业生进行座谈，了解与本专业相关的行业职业道德规范的要求。

（3）在实习企业，按照行业职业道德要求，总结自己身上所具有的道德品行，并思考哪些道德品行为自己的成功、为企业的发展、为行业的风气能做出积极的贡献。

# 第二讲

# 铁路职业道德建设

一个人可以没有高超的能力，可以没有运筹帷幄的远见卓识，但是却不能没有忠诚的品质。

铁路职业道德往往以规章、制度、守则、公约、操作规程等形式表现出来，简明、规范、通俗、具体。铁路职业道德的表现形式是非常特殊的，它既是道德的要求，也是纪律的要求，同时也是法律的要求。

## 【问题聚焦】

青藏铁路是实施西部大开发战略的标志性工程，是中国新世纪四大工程之一。该路东起青海西宁，西至拉萨，全长 1 956 千米。其中，西宁至格尔木段 814 千米已于 1979 年铺通，1984 年投入运营。青藏铁路格尔木至拉萨段，全长 1 142 千米。其中新建线路 1 110 千米，于 2001 年 6 月 29 日正式开工。青藏铁路是世界上海拔最高、线路最长的高原铁路。2006 年 7 月 1 日正式通车运营。

青藏铁路开工建设以来，1 800 多个日日夜夜，五度炎夏寒冬，十多万建设大军在"生命禁区"，"冒严寒，顶风雪，战缺氧，斗冻土"，以惊人的毅力和勇气，挑战极限，战胜各种难以想象的困难，攻克了"高寒缺氧、多年冻土、生态脆弱"三大难题，谱

写了人类铁路建设史上的光辉篇章。青藏铁路建设者以敢于超越前人的大智大勇，拼搏奋斗，开拓创新，攀登不止，在雪域高原上筑起了中国铁路建设新的丰碑，也铸就了挑战极限、勇创一流的青藏铁路精神。青藏铁路精神，饱含着艰苦奋斗、无私奉献的豪情壮志。"上了青藏线，就是做奉献"饱含着顽强拼搏的英雄气概，饱含着自主创新的科学精神，饱含着团结协作的优秀品质。这种精神，是以爱国主义为核心的民族精神的传承和升华，是以改革创新为核心的时代精神的延伸和拓展，是激励我们56个民族、14亿中国人民奋勇前进的强大动力。

## 【思考园地】

1. 青藏铁路精神包含着哪些铁路职业道德规范？
2. 如何践行铁路职业道德？

## 【学习探究】

### 一、铁路职业道德的内涵及特点

铁路职业道德是社会主义社会对铁路提出的行业道德要求，是铁路职工在铁路运输生产活动和与此有关的工作中应遵守的行为规范的总和。铁路职业道德包含根本宗旨、基本规范和具体工作岗位的职业道德三个层面的内容。"人民铁路为人民"是铁路的根本宗旨，是铁路人的行动指南，是铁路职工急人民之所急、想人民之所想，一切以人民群众评价为准则的庄严承诺，是铁路职业道德的根本宗旨。铁路职业道德还包括若干具体化、职业化的职业道德规范。早在1995年，原铁道部就印发了"注重质量，讲究信誉；尊客爱货，热情周到；遵章守纪，保证安全；团结协作，顾全大局；艰苦奋斗，勇于奉献；廉洁自律，秉公办事；爱路护路，尽职尽责；率先垂范，当好公仆"的《人民铁路职业道德基本规范》。

对于铁路职业道德，我们应从两个方面来理解。

第一，铁路职业道德是社会主义道德规范在铁路领域中的具体体现。铁路职业道德是社会主义道德规范体系的重要组成部分。社会主义道德规范体系对铁路职业道德具有指导和统帅作用。铁路职业道德与社会主义道德是一致的。比如，为人民服务是社会主义职业道德建设的核心，体现在铁路职业道德上就是"人民铁路为人民"这一根本宗旨，并要求铁路职工把尊客爱货等作为自己的行为规范。

第二，铁路职业道德作为一种行为规范，调整着铁路各方面的关系。铁路职业道德具有特定的原则和具体岗位的道德要求，用以调节铁路职工在职业活动中的行为以及所遇到的各种利益关系。它一方面调节着铁路行业内部的各种利益关系，另一方面也调节着铁路与国家以及其他行业之间，铁路职工与旅客、货主之间的利益关系。因此，铁路职业道德是调整铁路职工个人利益、职业集团利益和社会整体利益的重要手段。

铁路企业的组织结构和铁路运输生产活动的特点，决定了铁路职业道德具有以下三个特点。

第一，铁路职业道德既包含服务行业活动的要求，又包含工业企业所特有的要求。铁路是在流通领域进行生产，通过运输活动将货主的各种货物，或是将千千万万旅客从出发点运送到目的地。据统计，2019 年，全国铁路旅客运输量达到 366 002 万人，同比增长 8.4%；铁路货运总发送量完成 43.89 亿吨，同比增长 7.2%。这组数据告诉我们，铁路是大众化的交通运输工具，铁路的产品就是为货主的货物或旅客实现"位移"。铁路就是要在这种"位移"中保证货主的货物或旅行的旅客安全、快捷、舒适地到达目的地。因此，就要像服务部门一样，把尊客爱货、优质服务等作为铁路职业道德中最起码的职业道德规范。同时，铁路行业又具有工业企业的特征，工业企业的一些职业道德规范也适用于铁路，如讲究质量、注重信誉也是铁路部门的基本职业道德要求。因此，铁路职业道德是一个包括铁路所有部门和工种职业道德的内涵丰富的体系。

第二，铁路职业道德与铁路职业纪律密不可分。铁路运输的活动特点决定了它必须以铁路的纪律和严格的规章制度来维护正常的生产秩序。铁路的职业纪律，往往是通过规章、守则、条例、制度等形式表现出来，具有强制性的特点。而铁路职业纪律的许多要求同时也是铁路职业道德的要求，如遵章守纪、安全生产等。

案例

2010 年 1 月 25 日下午，深圳西发往信阳的 1204 次列车途径东莞东站，为了帮助乘坐此趟列车的旅客顺利回乡，车站工作人员不惜帮旅客爬车窗上车。可"好心不得好报"，因为违反铁路有关规定，车站站长、书记双双被免职。一时舆论哗然，大多倾向性地认为被免职的站长、书记"冤"。

停留在站台上的是一趟普列。坐车的也许大都为一些急于回乡的在外打工一族。该车在东莞东站停留不过4分钟，准备乘车的旅客超过1 500人。有这么多人准备上车，已经完全超过了本次列车的运载能力，站长必须直接向上级有关部门紧急报告，请求支援，另作安排。显然，他们没有做到这一点。我们可以设想，假如这样的事情不处理，形成范例，今后，拿什么确保铁路运输的绝对安全？任何细微疏忽，都有可能造成不可挽回的车毁人亡的惨案。为了确保安全，防患于未然，从源头开始堵截隐患，铁路部门免除站长、书记的职务，旨在严肃纪律，"杀一儆百"。

铁路规章制度即是铁的纪律。"违章就是自杀，违章就是杀人"绝不是一句空头口号。20世纪70年代京广线马田墟区间，因为服务员疏忽，没有检查出一名工人所带的一小桶油漆，结果酿成一场夺去了整整一车厢旅客生命的大火；原广州局现南昌局醴陵线路车间在1997年1月10日，25名线路工人乘车前往作业场所，因相关责任人漠视规章制度，举措不当，造成所乘坐的轻型铁路轨道车与重载列车正面冲突的特大事故，20条人命在瞬间陨灭，3人重伤⋯⋯

只有经历过不堪回首的惨痛事故教训的人，才能深刻地理解铁路安全规章制度是由无数人的鲜血写成的这一事实！任何忽视、违反规章制度的行为，于铁路人来说，都是不能容忍的犯罪！

第三，铁路职业道德的影响非常广泛。铁路既是国家经济发展的大动脉，又是人民出行的大众化交通工具，是社会关注的焦点。对内，铁路职业道德直接关系到能否形成良好的路风；对外，铁路职业道德直接影响到整个社会的精神风貌。所以，我们应当积极树立铁路职工的高尚职业道德风貌，促进社会主义精神文明的建设。

### 案例

欧阳巧燕，女，汉族，1973年出生，中共党员，大专学历，乌鲁木齐火车站巧燕候车厅值班员。欧阳巧燕时刻以一名共产党员的标准严格要求自己，在平凡的工作岗位上奉献自己的青春和热血，赢得广大旅客的赞誉。

对待每一位旅客，欧阳巧燕都像对待自己的亲人一样。一年冬天，在新疆生产建设兵团工作了45年、患有严重白内障的兵团退休职工陈友亮回湖北老家探家，不慎将钱款丢失。巧燕得知后马上将老人挽到值班室，为他洗脸、倒茶、耐心劝慰，并拿出350元到售票厅买了一张去汉口的车票，剩余的作为零花钱给了老人，并打电话与他的家人联系，亲自将老人送上火车⋯⋯列车启动了，老人扒着车窗热泪纵横。一个多月后，老人从家回来叮嘱儿子一定把车站的"闺女"叫来让他再看看，并拿着定做的锦旗来车站答谢。

有一次，正在组织旅客进站的巧燕突然发现二楼窗台上站着一位泪流满面的妇女，她的心一下提到了嗓子眼，但她装出镇定的样子拿起扫帚假装扫地，巧妙地绕到其身后趁她不注意，用力将她拉了下来并搀扶到服务台，这名妇女挣扎一会就抱着巧燕大声哭起来，看她一脸伤痕，巧燕经了解才知道爱人与她打架了，要闹离婚，一时想不开。在巧燕的细心开导和劝慰下，她慢慢地平静下来说："姐姐，有你我不孤独不害怕了，刚才我都不想活了，除了母亲，今天是你给了我第二次生命……"

2002年车站站场改造，车站党委在临时候车室提出"临设不临时"的说法，以其名字命名成立了巧燕候车厅，13位姐妹真情待客，影响带动了车站整体服务，赢得旅客好评，同年8月和12月，她们的先进事迹在中央电视台《新闻联播》节目中播放；2004年新候车大楼启用，以全员全岗位接力服务重点旅客的巧燕网络化服务应运而生；2006年巧燕网络化服务在新疆铁路25个车站19对旅客列车上全面开展；2009年该项重点服务在全国铁路接力，顺利实现了重点旅客从购票、进站、候车、检票、乘车、出站的全过程爱心接力服务，充分展示了铁路服务的良好风貌。在组织培养和同志们的帮助下，她所带领的巧燕候车厅不断创造佳绩，荣获全国"工人先锋号""职业道德建设百佳班组""女职工建功立业标兵岗""青年文明号"等荣誉。

## 二、铁路职业道德的宗旨和原则——人民铁路为人民

社会主义的性质决定了人民铁路职业道德的性质。人民铁路职业道德与社会主义所提倡的"为人民服务"的宗旨是一致的，其体现在铁路职业道德上就是"人民铁路为人民"。"人民铁路为人民"是中国铁路的光荣传统，是人民铁路的一贯宗旨和基本原则。

新时代，践行"人民铁路为人民"的根本宗旨，对于铁路人践行以人民为中心的发展思想，实现交通强国、铁路先行历史使命，具有重大而深远的影响。

第一，新时代坚持"人民铁路为人民"，是践行以人民为中心的发展思想的应有之义。党的十九大报告指出，中国共产党人的初心和使命就是为中国人民谋幸福，为中华民族谋复兴，强调必须坚持以人民为中心的发展思想，不断促进人的全面发展、全体人民共同富裕。新时代，坚持践行和弘扬"人民铁路为人民"的理念，可以引导铁路干部职工不忘初心、牢记使命，交通强国、铁路先行，更好地为人民群众服务，这是铁路落实以人民为中心的发展思想的题中应有之意。

第二，新时代坚持"人民铁路为人民"，是推进铁路改革发展和现代化建设的客观要求。党的十九大开启了全面建设社会主义现代化国家新征程。交通强国，铁路

先行。新时代，坚持践行"人民铁路为人民"的理念，必将引领铁路在实现"三个世界领先"和"三个进一步提升"的进程中，不忘人民重托，不负历史使命，切实找准工作定位、强化责任担当，创新工作思路、实现新的发展，使铁路强国的蓝图一步步变成现实。

第三，新时代坚持"人民铁路为人民"，是顺应人民群众新期待的现实需求。人民对美好生活的向往就是我们的奋斗目标。人民对美好生活的期待值越高，对铁路高质量发展的期盼就越迫切。新时代，坚持践行"人民铁路为人民"的理念，是对人民群众美好出行需求的回应，可以激励干部职工从提升旅客出行体验、满足客户发货需求等方面久久为功，优化供给、优质服务，让人民群众享有更多的获得感和幸福感。

### 案例

人民的利益高于一切，不论铁路发展的哪个历史时期，铁路总是紧紧围绕着"人民铁路为人民"这个根本宗旨，把满足人民群众对美好生活的向往作为出发点和落脚点。2013年，中国国家铁路集团有限公司成立。公司成立后主动适应形势发展需求，提出了"以服务为宗旨，待旅客如亲人"的服务理念，赋予铁路服务更加人性化、亲情化的时代内涵，引导铁路人在思想上、感情上、工作上，像对待亲人一样善待旅客、服务旅客，进一步丰富了"人民铁路为人民"的内涵和外延。在这一理念的指引下，全路组织开展了"旅客满意、货主满意"主题实践活动，广大干部职工从硬件设施、人文环境等方面入手，争先恐后、创新创优，先后涌现出"微笑天使"孙奇、"时代楷模"158雷锋服务站等一大批服务明星和服务品牌，影响和带动了铁路服务品质的提升。

2016年以来，铁路深入落实中央要求，认真践行以人民为中心的发展思想，扎实推进供给侧结构性改革，集中力量推行客运提质计划，打造绿色、安全、便捷、舒适、时尚的客运产品，推出网络购票、移动支付、智能导航、刷脸进站、自助订餐、站车WIFI、高铁极速达等特色服务，不断满足个性化、信息化和智能化的出行需求；开展货运增量行动，铁路年货运发送量超30亿吨、换算周转量38 900亿吨千米，为降低社会物流成本、打赢蓝天保卫战贡献了力量；实施复兴号品牌战略，加速构建系列产品体系、技术体系和运营管理体系，在世界上首次实现时速350千米自动驾驶功能。2018、2019年春运期间，铁路提出了"平安春运、有序春运、温馨春运，让旅客体验更美好"的春运目标，推出电子客票等一系列便民举措，让"人民铁路为人民"的根本宗旨在新时代有了全新的呈现形式和具体表达。

## 三、加强铁路职业道德建设的意义

多年以来，我国始终重视铁路职业道德建设，可铁路事故的发生并未止步：2008年4月28日凌晨4点41分，北京开往青岛的T195次列车运行到胶济铁路周村至王村之间脱线，与上行的烟台至徐州的5034次列车相撞，造成70多人死亡，400多人受伤；2011年7月23日20时30分05秒，甬温线浙江省温州市境内，由北京南站开往福州站的D301次列车与杭州站开往福州南站的D3115次列车发生动车组列车追尾事故，造成40人死亡，172人受伤，中断行车32小时35分，直接经济损失19371.65万元。这些铁路安全事故发生的原因是多方面的，但其根本原因都在于相关人员没有严格遵守职业道德规范。因此，加强铁路职业道德建设具有积极的意义。

1. 有利于促进社会和谐的需要，促力实现中国梦

2012年11月29日，习近平总书记在参观《复兴之路》展览讲话时首次提出"实现中华民族伟大复兴，就是中华民族近代以来最伟大的梦想"。党领导全国各族人民共圆中国梦的根本目的就是要实现好、维护好、发展好最广大人民的根本利益，进而提升全社会的幸福指数。提升幸福指数从根本上讲就是要进一步提升社会和谐的水平。各地区、各行业、各系统的安全和全国人民安定祥和的生活是社会和谐的重要基础，也是社会和谐的重要体现，铁路作为国民经济的大动脉，大众化的交通工具，它的安全问题关系到千家万户的幸福。适应社会主义和谐社会对铁路运输的要求，迫切需要加强铁路职业道德建设，为社会和谐提供有力支持。

2. 利于推进社会主义文化强国建设

习近平总书记在党的十九大报告中指出，坚持中国特色社会主义文化发展道路，激发全民族文化创新创造活力，建设社会主义文化强国，要深入实施公民道德建设工程，推进社会公德、职业道德、家庭美德、个人品德建设，激励人们向上向善、孝老爱亲，忠于祖国、忠于人民。加强铁路职业道德建设，把中华传统美德与铁路运输的特点相结合，既有利于提高铁路职工的思想道德素质，而且由于铁路文明窗口的辐射作用、示范作用，也有利于弘扬时代新风，有利于提高其他公民的道德素质。

3. 有利于增强铁路在交通运输市场的竞争力，促进国民经济的发展

铁路是国民经济大动脉、关键基础设施和重大民生工程，是综合交通运输体系的骨干和主要交通方式之一，在我国经济社会发展中的地位和作用至关重要。我国铁路承担着重要的货运和客运中转任务，截至2020年7月底，全国铁路营业里程达到14.14万千米，全国铁路复线率和电气化率将分别达到60%和70%。在发展的背后也面临着与公路、航空等交通运输公司的竞争，因此，铁路职工只有加强职业道德建设，在为客户提供最贴心的服务、最安全的保障、最快捷的速度上下功夫，才有可能在竞争中

立于不败之地。由此可见，加强铁路职业道德建设，有利于增强铁路在交通运输市场的竞争力，促进国民经济的发展。

### 4. 有利于提升铁路职工道德水平

加强铁路职业道德建设能够帮助职工明确铁路职业道德的基本原则和规范，并把它落实到每一个职工的职业行为上，帮助职工确立对国家、对人民、对铁路高度负责的职业道德品质，培养有理想、有道德、有文化、有纪律的铁路职工队伍，塑造铁路职工和铁路企业的良好形象。有了这个良好的形象，就能产生一种无形的能量，激发出职工的主人翁积极性和劳动干劲。

**案例**

> 在丹东工务段管内的铁道线上，每当列车临近时，在线路上维修作业、身着工作制服的养路工人都会自觉地放下手里的活儿，提前下道把工具摆放整齐，列队迎接列车通过。这是丹东工务段加强职业道德建设，提升铁路职工文明形象的一个缩影。
>
> 地处辽东山区的沈阳铁路局丹东工务段担负沈丹、凤上、溪田、辽溪、丹大等线路的养护维修任务。由于线路养护工作需要长年在野外施工作业，受工作环境和工作性质影响，一直以来，铁路养路工人给人的外观印象是"傻、大、黑、粗"。
>
> 为了内强素质、外塑形象，这个段切实加强干部职工职业道德教育工作，从仪表、衣着、语言、举止、礼仪、公德等方面规范职工的思想和行为，培养职工良好的文明行为和职业道德情操，不断增强干部职工的自信心和自豪感。
>
> 他们从提升干部示范带头作用抓起，要求各级干部注重仪容仪表，平时面容干净，衣帽整洁，参加段大型会议要统一着装，不准吸烟，不准接听手机；到作业、施工现场工作时要穿段发工作服。要求一线工人上岗作业必须统一穿段发工作服，服装要整洁得体，不准穿破旧脏污衣服上岗，不准穿背心、短裤、拖鞋；讲究个人卫生，保持面容干净，头发整齐；作业及往返工地时要列队按指定路线行走，班组长在前，防护员在后；作业来车时，按规定距离下道，将工具摆放整齐，全体人员列队迎接列车。
>
> 通过加强职业道德教育活动，干部职工的精神面貌发生了根本变化。过去一线工人乘坐火车时，由于不注意自身形象，列车工作人员和旅客见了都躲得远远的；如今他们外出施工乘坐火车时，穿着干净整洁的工装，随身携带的工具轻拿轻放，在车厢内不大声喧哗和吸烟，主动出示证件，从而赢得了列车工作人员和旅客的理解和尊重，展示了铁路职工的良好形象。

## 四、加强铁路职业道德是时代发展的要求

铁路职业道德是社会主义精神文明建设的一个重要组成部分，也是铁路企业走向市场、赢得市场份额，实现扭亏增盈的一个有力举措。不加强铁路职业道德建设，就无法实现"人民铁路为人民"的宗旨。铁路作为国民经济的主动脉，为国家的发展和进步做出了重要贡献，改革开放以来可谓成就辉煌。同时，铁路企业还用多年的实践表明，其在加强职业道德建设方面也做出了巨大的努力，并取得了显著成效，"人民铁路为人民"的宗旨正越来越深入人心，成为一代又一代铁路人永远的追求。

近些年来，随着市场经济的深入发展，随着航空、水路、公路、管道等交通运输方式的激烈竞争，素有"铁老大"之称的铁路正面临着严峻的挑战和考验。铁路发展已严重滞后，在铁路职业道德领域主要表现在：

小部分铁路员工的整体素质偏低，忧患意识差，"铁饭碗"思想严重，职工干好干坏一个样、班照上、工资照拿；干部只能上不能下，缺乏危机感和竞争意识；学习观念落后，铁路职工临时突击、应付考试的学习态度远远落后于现代企业的终身学习观念，安于现状，不思进取；在经营上"官商、坐商"作风严重；长期以来缺乏经营意识，不是主动研究市场、适应市场、开拓市场，而是以我为主，官商习气、衙门作风，不懂营销，坐等上门；不是以方便旅客、提高服务质量来争取市场、赢得市场，而是门难进、脸难看、话难听、事难办，大量丢失市场；不是追求单位的利益统一和服从于整体利益，而是利益分割、舍大求小，造成相互掣肘、指挥不畅、整体效益下降。

以上这些现象和问题不仅对铁路发展带来巨大的障碍，而且对铁路行业的精神文明建设也带来不利影响。因此，必须进一步加强新形势下铁路企业的职业道德建设，通过提高职工的职业责任、职业良心、职业纪律、职业作风、职业荣誉和职业道德行为来促进职工转变观念，建设一支高素质的职工队伍，这样才能不断适应和谐铁路建设和建一流创精品工作的需要。

目前，铁路企业正在逐步建立现代企业制度，那么，如何在新的形势下，把"人民铁路为人民"的基本原则落实到实际行动当中，真正把铁路企业的职业道德建设提高到一个新的水平和高度呢？必须从如下三个方面入手。

### 1. 必须把"人民铁路为人民"的宗旨贯穿于各项工作的始终

新的形势下，继续发扬这个宗旨，是加强铁路企业职业道德建设的前提条件。

第一，必须充分认识"人民铁路为人民"是铁路一切职业活动的出发点和归宿。如车务部门在严格贯彻这个宗旨的过程中，就必须做到自觉履行服务岗位责任制，自觉执行客货运标准化作业程序，视旅客货主为上帝，提高服务质量，自觉遵守纪律，减少行车事故的发生，时刻为铁路和谐建设和发展想办法、出主意。

第二，面对新的形势，面对一些人认为"人民铁路为人民"过时的迷惘和其他错误观念，必须仍然坚持"人民铁路为人民"，将其作为铁路企业在建立现代企业制度条件

下调整各种利益关系的根本准则。那些以不正当手段谋取"利益"的做法，不服从统一指挥，不惜损害整体利益去追求"利益"的做法，必然给国家和铁路造成损失。要克服这些现象，除必要的行政、法律手段外，加强铁路企业的职业道德教育也是重要途径。

第三，市场经济的发展对铁路贯彻"人民铁路为人民"的宗旨提出了新的要求。当前，我国交通运输各行业发展非常迅速。铁路的"老大"地位已经受到严重威胁。铁路要占领一定的运输市场，就要跳出传统的经营模式，大胆创新，积极探索适应市场经济发展的运输组织结构，为旅客和货主提供舒适安全、方便快捷的高质量服务，不断提高铁路的竞争能力，吸引旅客和货主。一方面应该对一些比较稳定的货源提供优质服务，另一方面也要努力去争取那些徘徊于各种运输方式之间的不稳定货源，这就需要充分发挥每个部门、每个职工的主动性和积极性。因此，必须教育职工始终牢记"人民铁路为人民"，放下架子，变"坐商"为"行商"，主动服务，这样才能掌握运输主动权，提高铁路的经济效益。

## 2. 要继续开展好职业道德实践活动，提高自身的职业道德水平

铁路职业道德建设的目的，在于帮助职工明确铁路职业道德的基本原则和规范，并把它落实到每一个职工的职业行为上，塑造铁路职工和铁路企业的良好形象。有了这个良好的形象，就能产生一种无形的能量，激发出职工的主人翁积极性和劳动干劲。因此，必须通过"铁路职工形象设计"这一新颖的职业道德实践活动，使铁路企业职业道德建设提升到一个新的高度。而职工作为一个企业的主人，其职业道德建设的水平，直接关系到一个企业的兴衰和成败。加强职业道德建设的目的就是要努力塑造铁路企业和职工的良好形象。职业道德是企业形象的一个重要组成部分。从某种意义上来说，企业在市场上的竞争不仅是企业的人才、技术和管理水平的竞争，同时也是职业道德的竞争，特别是随着市场经济体制的逐步完善，这点将愈加明显地显示出来。

## 3. 要以培育企业文化为目标，不断增强企业凝聚力

在铁路企业进入市场的过程中，它的生存和发展就要凭借自己的竞争能力。而支持一个企业竞争能力的，既有物质的支柱，又有精神的支柱，其中企业文化就是一个企业发展和生存的精神支柱。铁路职业道德建设就是铁路企业文化的鲜明反映。加强铁路企业职业道德建设的目的就是为自己的企业培育出一种文化，以不断增强企业的凝聚力。一个具有无穷凝聚力的企业就是充满希望和发展前途的企业。根据铁路行业的特点、具体要求和条件，精心培育企业文化和加强职业道德建设，切不可搞形式主义。

铁路企业职业道德建设有所有行业共同的特点，也有其自身特殊之处。在铁路企业全面走向市场，不断深化铁路改革，促进发展的过程中，在铁路企业逐步建立现代企业制度，扭亏增盈的攻坚战中，大力加强以"人民铁路为人民"为主要内容的职业道德建设，是当前开展学习实践科学发展观活动，加强政治文明和精神文明建设的一件大事，也是铁路企业在新的历史时期走向辉煌的根本保证和有力举措。

1. 分析铁路职业道德与其他行业职业道德的区别。
2. 铁路职业道德的宗旨和原则是什么？
3. 铁路职业道德和个人有什么关系？
4. 根据你对铁路职工的了解，分析他们的优缺点，谈谈应如何克服这些缺点。

### 适应人生新阶段

第一，尽快适应新环境。迈进铁路职业学校或铁路部门，人生历程翻开了新的一页，人生道路跨入了新的阶段。面对新的工作环境，大家既会充满好奇和兴奋，也会遇到不适和困难。无论什么样的人，从熟悉的环境进入陌生环境，都会有一个适应的过程。环境适应过程既包括对新环境的熟悉及环境对自己的要求，而且还包括逐渐从过去熟悉的环境中解脱出来，在生活方式、思维方式等方面都要做出相应的改变，以适应新环境的需要。在大多数的时候，人与环境的适应要求人自身做出调节，适应既定的环境。因此，我们应积极主动地调整与环境不适应的行为，增强个体在环境中的主动性、积极性，使自身得到发展。

第二，尽快完成角色转变，确立适当的发展目标。作家柳青曾说，人生的道路漫长，但紧要之处就那么几步，特别是当人年轻的时候。由一个普通学生转变为铁路院校学生或铁路员工，是角色身份的变化。不仅要认识到自己角色身份的变化，而且要重新树立自己的具体奋斗目标。诗人歌德说，尚未实现的崇高目标，要比已经达到的渺小的目标更珍贵。一般而言，成功的职业规划，需要通过具体的目标和切实可行的措施来实现。有了具体的目标，就有了前进的方向和动力；有了切实可行的措施，就能加强自我控制。因此，选择适当、具体的发展目标，不仅能产生积极的发展动力，而且能帮助我们尽快完成角色的转变。

第三，树立终身学习理念，不断提升自身素质。随着社会经济的发展，科学技术的进步，铁路事业对人和职业的期望和要求都在发生着深刻的变化，学习越来越成为一种推动社会经济发展、提升自身素质和实现人生价值的重要途径。终身学习的理念集中反映了科学发展观的要求，体现了以人为本的原则。坚持终身学习的理念，要求人们通过持续不断的学习，以适应职业不断发展变化或新工作岗位的需要。因此，每个人必须树立终身学习的理念，不断地调整、提高和发展自己。让终身教育为终身学习服务，既是人的全面发展的需要，也是国家发展的需要。

总之，面对新的工作环境，我们要加强铁路职业道德教育，完善道德人格，提升自己的素质，从而成就一番事业。

**【活动】 自觉寻找差距**

1. 活动目的

客观认识自我，感悟铁路职业道德，体验铁路职业道德对职业生涯的意义。

2. 活动实施

（1）利用节假日、课外时间进行实际操作，展示个人特长，挑战自我，挖掘潜力；依照铁路企业对职工的职业道德要求对照自己，寻找自身差距。

（2）在课堂上做主题发言，用铁路职业道德行为规范这面镜子照一照，你认为自己哪些行为习惯是不受人欢迎的？你打算怎样努力做一个受欢迎的人？

**资料卡片**

铁路职业道德规范

尊客爱货、热情周到；遵章守纪、保证安全；

团结协作、顾全大局；注重质量、讲究信誉；

艰苦奋斗、勇于奉献；廉洁自律、秉公办事；

爱路护路、尽职尽责；率先垂范、当好公仆。

铁路客运职工的职业道德规范

勤恳敬业、廉洁奉公、顾全大局、遵章守纪、优质服务、礼貌待客、爱护行包。

铁路工务职工的职业道德规范

热爱本职、勤奋敬业、遵章守纪、尽职尽责、精心养路、提高质量。

铁路车务职工的职业道德规范

严守规章、一点不差；通力合作、按图行车；

忠于职守、尽职尽责；诚实劳动、注意保密。

# 第三讲

# 尊客爱货 热情周到

微笑您、快乐我，您的微笑是我工作的动力，您的满意是我事业的成功。

## 【问题聚焦】

辛先生乘坐 K672 次列车到忻州出差，途中上厕所时，不慎把手机掉落，并从厕所排污管一路滑落到车外。辛先生心急如焚地找到列车员，诉说着自己的遭遇。当时列车即将到达祁县站，列车员一边安抚辛先生，一边与祁县站取得联系并说明情况。

正在站台接车的客运值班员魏小峰了解事情的经过后，痛快地答应下来，得到上级领导同意后，叫上另外两名值班员穿上防护服，带上通信设备立即赶往区间。同时，客运负责人任小伟也赶到现场，4 人一起如雷达般睁大眼睛，一步一挪地在轨道石砟里寻找手机。为了快速找到手机，任小伟将随行 3 人在 10 千米的区间划分了搜索区，1 个多小时后，终于在路肩斜面的石砟上找到了手机，面对失而复得的手机，辛先生激动不已，连声感谢 4 名客运值班员，却又对着无法开机的手机一筹莫展地说："我现在没钱修手机了，能不能再帮帮忙借我 1000 元，等我手机修好了立即还您 1100 元。""出门在外谁不会遇到个为难的时候，借 1000 还 1000 就可以了。"说话间，任小伟把同事筹集的 1000 元放到了辛先生的手中。魏小峰说："尽自己所能帮旅客解决实际问题，是一个普通的铁路工作人员应尽的职责！"

## 【思考园地】

1. 在铁路岗位上如何实现尊客爱货、热情周到？
2. 你是否具有尊客爱货、热情周到的基本素养？

## 一、尊客爱货、热情周到的基本含义

尊客爱货指的是铁路职工对自身服务对象的态度和道德情感。也就是说,铁路职工应坚持"人民铁路为人民"的宗旨,自觉履行职业责任,时时注意尊重旅客和货主的意志和愿望,处处关心和维护旅客货主的利益,及时为旅客货主排忧解难,通过主动积极的服务,让旅客货主切实感受到铁路职工对人民、对社会的满腔热情和责任感。

**案例**

"铁路装卸职工们冒着酷暑,不厌其烦、不怕劳累、不索报酬,熟练而又谨慎地轻装细卸,那种尊客爱货的敬业精神使我们深感折服。"这是代理襄阳陶瓷厂原料供货的一位负责人在襄阳货场看到装载机司机用娴熟的技术和优质的服务,将几车高黏土高质量装上汽车后,在"装卸服务质量监督卡"上签下的意见。叉车由于前面伸出来的两个叉尖比较长,而且前端比较尖锐,当遇到易破易裂的成件包装货物时,容易把包装叉破,叉车作业班组职工就自己动手,利用废旧钢铁做成了不同型号的铁叉护套。根据货物不同的特点,将不同型号的护套套在叉尖上,这样叉装货物时,货物就不会被碰破了,最大程度降低了叉装过程中出现的货损。同时,该车间还利用空闲的办公场所,设置货主休息室,免费提供茶水和电脑传真,并为远道而来误餐的货主提供"免费的午餐",代购客票,营造出"货主到家"的温情氛围,靠真情感动货主。有位货主感叹道:"我们没有想到的,铁路装卸职工想到并且做到了。""你们的服务态度,真让我口服心服,今后我们就是朋友了,我们的货就在这里卸!"

热情周到指的是铁路运输服务的优质程度及所要达到的效果。它要求铁路职工在从事职业活动时,要通过端庄整洁的仪表,文明礼貌的语言,娴熟完美的技能,细致周到的服务,达到"以人为本,以客为尊"的服务目标和职业道德境界。

**案例**

银川站客运员刘缓占,在这一平凡的服务岗位上工作了20多年,共接待南来北往的旅客300多万人次,没有一次错误回答,没有接到一个旅客投诉电话,被人民群众称为"凤城天使"。她业务技能强,熟练掌握全国主要铁路干线、几千个车站和上百对旅客列车的到发时间，中间站换乘时间及旅客须知等，熟记银川及周边地区的各大事业单位的方位和公共汽车线路，对旅客的提问总是对答如流。服务工作中，她为旅客做的好事难以计数，人们不约而同地把她比作当代的"活雷锋"。

尊客爱货、热情周到是铁路行业服务性的客观要求。铁路行业是社会服务性行业，是联结社会各行各业的纽带。能否做到尊客爱货，是衡量服务行业，特别是铁路运输业职业道德水准的一个重要标准。

尊客爱货、热情周到是铁路职业活动的内在需要。社会主义道德建设的核心是为人民服务，铁路职业活动是体现这一核心要求的重要领域。在铁路职业工作中，心里装着群众，热情、周到、耐心地为旅客和货主服务，认真听取旅客和货主的意见，都是尊客爱货、热情周到的具体表现。

尊客爱货、热情周到是铁路职工在长期的实践活动中结合时代的特点形成的职业行为准则。坚持以尊客爱货、热情周到这一职业道德要求规范广大铁路职工的职业行为，必将进一步促进铁路的精神文明建设，并辐射到全社会，有利于形成相互尊重、相互关心、互助友爱的和谐社会的道德新风尚。

## 二、尊客爱货、热情周到的重要性

### 1. 尊客爱货、热情周到是"人民铁路为人民"宗旨的体现

"人民铁路为人民"是铁路企业的宗旨，也是铁路职业道德体系的总纲和精髓。"人民铁路"这个概念反映了我国铁路的社会主义性质，决定了铁路企业必须把"为人民"摆到一切工作的首位；做到尊客爱货、热情周到，即要求铁路职工爱货如己，视旅客如亲人，以实际行动在诚信、诚恳、诚挚上下功夫，在热情、热心、热爱上见效果，着力克服服务中常见的"生、冷、硬、顶"的不良倾向，改变"门难进，脸难看，事难办"的不好印象。

### 2. 尊客爱货、热情周到是和谐铁路建设的客观要求

和谐铁路建设的主要目标之一是提供优质服务。具体来说，就是站车设备完善，充分体现"功能性、系统性、先进性、经济性、文化性"，旅客运输更加安全、经济、快捷、舒适，货物运输更加方便、快捷，行业风气实现根本好转，旅客和货主满意度明显提高。在铁路运能、运量矛盾短期内无法解决的状况下，坚持贯彻"人民铁路为人民"的服务宗旨，坚持尊客爱货、热情周到，用优质的服务让铁路运输更加和谐就变得尤其重要。

随着新冠肺炎疫情逐渐减弱，全国各地迎来了复工复产的重要时刻，疫情面前，铁路部门积极响应国家需要，主动出击，迎难而上，对复产复工人员高峰出行的实际情况进行科学研判，以科技助力，专门组织技术团队对退票办理流程和系统方案进行了调整，精准施策，形成了优化电子客票退票手续的解决方案。这是铁路部门先后五次出台免费退票和延长退票时限政策后的又一惠民举措。

铁路部门多次优化服务，紧跟时代步伐，让服务更走心。这深刻表明了铁路部门坚持以人民为中心的发展思想，以提高客运服务质量、改善旅客出行体验为实际目标，时刻满足旅客变更行程的需要，想旅客所想，急旅客之所急。可以说，全面推行电子客票应用是大势所趋，更是民心所向。铁路部门继"快捷换乘、候补购票、高铁 WIFI、扫码点餐"等惠民举措相继实施后，再次用"科技化"和"智能化"换得了"高效率"，得到广大旅客对这项贴心服务的广泛点赞。

3. 尊客爱货、热情周到是激励铁路职工向旅客货主奉献优质服务的强大精
   神力量

尊客爱货、热情周到体现了铁路职工爱国家、爱人民的光荣传统和高尚情怀。早在20 世纪五六十年代，铁路职工就以饱满的政治热情、冲天的干劲、严明的纪律赢得全国人民对"不穿军装的解放军"的高度评价和赞誉。党的十一届三中全会以来，在铁路部门开展的"人民铁路为人民""争最佳，创一流，为路风添光彩"等活动中，培养和造就了一大批路风建设的先进集体和先进个人。他们把对旅客的爱、对货主的情融入平凡琐碎的服务工作之中，以文明的语言、整洁的仪表，真诚待客、热心助人，为铁路增添了光彩，体现铁路职工的高尚情怀。在党的十八大建设社会主义文化强国的感召下，在全社会加强社会主义核心价值体系建设的潮流中，新时代铁路精神需要发扬宗旨意识和服务意识。任何时候，铁路服务社会、服务人民群众的宗旨都不会改变，新时期更应发扬和光大这种宗旨意识和服务意识，让宗旨意识和服务意识成为铁路精神的主旋律。尊客爱货、热情周到的职业道德规范一旦转化为职工的内心信念，必将深刻影响铁路运输各部门职工职业行为的价值取向，产生强烈的激励作用，促使他们努力提高本职工作的质量。

4. 提倡尊客爱货、热情周到的铁路职业道德规范对于形成良好的社会风尚
   具有重要的影响和促进作用

在我国社会主义生产关系中，人与人之间是平等互助的同志关系，每一个劳动者既是服务员，同时又是别的行业劳动者的服务对象。人人都有得到别的行业的从业人员为自己提供优质服务的权利，同时也承担着为他人、为社会提供优质服务的道德义

务。广大铁路职工在职业活动中，应该做到文明礼貌待客，主动积极服务，关心旅客货主利益，想旅客货主所想，急旅客货主所急，这些高尚的职业行为必将对全社会树立起讲究职业道德的新风尚产生强烈的感染和辐射作用。

## 🚄案例

2011 年，一座现代化的新客站投入运营，"向阳花"服务品牌以一种新的姿态融入新客站的运营中。2012 年"向阳花服务之窗"在既有品牌的基础上完成升级改造，以一种新的面貌迎接八方来客，"以旅客为中心，真诚服务暖人心"的理念成为指导这一品牌健康前行的导向标。

2010 年深秋的一个晚上，客运员刘缓占夜间巡视候车厅时，发现一名怀抱婴儿的女子在哭泣，便立即上报值班员。值班员李小青随即赶到，得知这名女子怀中 5 个月的孩子腿上长了一个恶性肿瘤，正在四处求医。前期给孩子看病已经债台高筑，而丈夫又弃她而去，举目无亲的她只能以泪洗面。听完女子的叙述，李小青从兜里拿出了全部的钱，一群带着"向阳花"标志胸牌的"陌生人"也纷纷解囊相助，一时间竟凑了 3 000 元。怀揣着客运人员的关爱和希望，这对母子踏上了北上求医的旅途。就在大家都快将这件小事忘记的时候，一封来信更加坚定了客运职工服务旅客的信心和决心："是你们给了我重新生活下去的希望，给了我和孩子第二次生命。我不知道你们的姓名，但是你们胸前佩戴的那朵向阳花我记住了。谢谢你们，谢谢你们这些好心人。"

2013 年，"向阳花"服务之窗荣获"全国工人先锋号"的称号；2014 年，"'向阳花'党员服务之窗"被授予全路党内优质品牌；2015 年，银川车站在"一带一路"建设的大背景下，顺势推出"丝路驿站——塞上江南"服务品牌，"向阳花"服务品牌升级为"丝路驿站——向阳陪伴"，成为塞上铁路一张靓丽的新名片。据统计，自"向阳花"品牌创建以来，共收到表扬 982 次，解答旅客问询 251 485 件，共做好人好事 47 450 件，得到了广大旅客的一致好评。13 年来，"向阳花"服务温暖了旅客的心；13 年来，真诚、优质的服务，换来的是花香四溢；13 年来，银川人"人民铁路为人民"的初心始终没有改变，按照"始于需求、终于满意"的目标，不断实现"向阳花"品牌服务质量和水平的提升，一朵朵"向阳花"在银川车站形成了一道靓丽的风景线。2002 年至 2018 年，银川车站连续 17 年获得"文明车站"称号。

## 三、尊客爱货、热情周到的基本要求

### 1. 树立全心全意为人民服务的理念

鲜明地提出"为人民服务"的宗旨是中国共产党的一个伟大创举。在共产党人看来，人民是天，没有比人民更高的；人民是地，没有比人民更深厚的。人民是创造历史的动力，是社会的主人。因此，铁路企业的广大党员和职工应树立全心全意为人民服务的观念，立足本职，奉献社会，全心全意为旅客货主服务。

铁路行业是社会服务性行业，运输服务工作艰苦繁重，如果没有全心全意为人民服务的思想境界，是难以始终做好服务工作的。在铁路运输过程中，旅客和货主与铁路企业形成了合同关系，有花钱买服务的自我意识和理应受到热情服务的心理预期。同时，为旅客和货主提供优质服务是铁路企业的社会责任。因此，广大铁路职工必须树立全心全意为旅客和货主服务的观念，尊重和满足旅客和货主的正当要求，维护旅客和货主的利益，开展细致、周到、优质的服务。概括地说，就是要做到"尊客爱货、热情周到"。

**案例**

> 在福州火车站，王威是个名人。提起他，大家都会竖起大拇指，夸上两句。"王威是火车头奖章获得者、全国铁路劳动模范。""他可是我们这里的服务明星。"面对大家的夸奖，王威却总是谦虚地说："这只是我工作的一部分，只要能为旅客们排忧解难，我就知足了。"
>
> 从事铁路一线客运工作28年来，始终以服务为宗旨、待旅客如亲人，以他名字命名的"海峡情——王威服务台"成为享誉福建省文明窗口的一张闪亮名片。王威热爱岗位、忠于职守、真诚服务的故事在千里铁道线广为流传。多年来，王威和他的服务台为旅客做好事超万件，收到旅客留言表扬5 116件，收到表扬信3 721封、锦旗93面。

要把尊客爱货、热情周到的职业道德规范转化为职工的自觉行动，必须牢固树立全心全意为人民服务的观念、苦练服务本领，掌握服务规律，提高服务质量，增强服务效果。

2. 主动热情、优质服务

主动热情指的是铁路职工在接待旅客货主时要有热情的态度和真挚的情感。优质服务指的是铁路职工所提供的服务的优劣程度以及所达到的效果。实际上，每一个人在乘车、运货时，都希望铁路职工在工作中，对旅客和货主做到主动热情，提供优质的服务。因此，主动热情、优质服务是铁路职业活动的需要，是与人交往的首要条件。

在现实生活中，铁路部门是否做到了对旅客货主主动热情、优质服务，主要是通过铁路客货运输部门职工的个人形象和整体工作水平表现出来的。这是因为，旅客和货主往往不了解铁路其他部门工种的职业活动，看到的是直接为他们服务的铁路客货运输部门职工的职业活动。铁路客货运输部门职工的服务态度和服务效果，是旅客和货主评价整个铁路企业职业道德水平的主要依据。这就要求广大铁路客货运部门的职工，从售票到旅客出站，从检斤验收到交付货主的全过程全方位做到主动热情、优质服务。例如，铁路客运职工要以主动热情的服务，来弥补旅客列车服务条件的不足；要真诚热心地为旅客排忧解难；要通过自身职业行为，为旅客送去温暖、亲情和爱心。"列车有终点，为旅客服务没有终点"这句话集中体现了铁路客运职工助人为乐，延伸服务，为旅客排忧解难的高尚的职业道德情操。

**案例**

> 孟巍是天津客运段直特车队动车一组列车长。孟车长心非常细，全列车上的所有重点旅客，她都心中有数。在每趟车69分钟的运行过程中，她至少在列车内巡视三个往返，嘱咐小朋友不要单独走动，叮嘱列车员关照好年老、生病和残疾旅客。
>
> 孟巍和同组的姐妹们在每一趟值乘中，都将自己置于重点旅客的视野中，旅客一个手势，甚至一个眼神，她们马上就能走上前去，轻声询问，为不了解换乘车次的旅客设计最佳路线，为口渴的旅客送上开水，扶行动不便的旅客去卫生间……她常常告诉姐妹们："动车组的无干扰服务不是减少服务，而是对服务标准和服务方法提出了更高要求，要增强服务的预见性、针对性和有效性。"
>
> 孟巍对餐车食品质量十分关注。每次出乘，孟车长总是对餐车上出售的食品进行细致检查，还督促指导餐车人员严格执行《中华人民共和国食品卫生法》的规定，保证动车组列车旅客饮食安全。针对乘坐京津间动车组列车的旅客中外籍旅客比例较高的实际情况，孟巍带领同组列车员王路楠、王芳、白丽娜、李重艳开展了"学英语、迎奥运、展风采"优质服务竞赛活动。
>
> 在货运方面，货物在装卸承运过程中，难免破损开缝，为了不使货主受损失，全路各货场几乎都备有"百宝箱""方便箱""爱货袋"，内装麻线、缝包针、钉子、锤子，为货主义务缝包钉箱。在货运站经常有一些滞留的货物，漏掉在货场的货物，或有些货主单位已做了结案的货物，按铁路常规这些货物已可归入无主货，但许多货运站的职工总是不怕麻烦，利用业余时间，想方设法通知货主单位，变无主为有主，把"死货"变活，为国家、企业挽回了大量经济损失，受到货主的高度赞扬。

其实，不仅在铁路客货运输部门工作的职工要做到主动热情、优质服务。工作在铁路系统其他岗位上的铁路职工，同样应该做到主动热情、优质服务。各部门职工都应该本着对旅客和货主负责的精神，做好本职工作，以不同的方式，通过不同的途径，达到尊客爱货、热情周到的职业道德要求，以认真负责的态度，向旅客和货主奉献一流的服务。

清晨，天色微亮，青藏铁路劳动服务公司西宁洗涤车间已经机器轰鸣，洗涤工长文英带领 27 名洗涤女工开始了一天的洗涤工作。一进车间厂房大门，热浪夹杂着洗衣粉和消毒液的气味扑面而来。室外寒气袭人，厂房里忙碌的女工们虽穿着单薄的工装却依旧大汗淋漓。西宁洗涤车间承担着中国铁路青藏集团有限公司管内 18 趟终到图定列车和临时旅客列车的被套、床单、枕套、台布等用品的洗涤工作。随着春运开行临客趟数的增加，洗涤任务也更加繁重，从每天早晨开始要工作到深夜。遇上列车晚点，作业时间也就随之延长。从列车上卸下来的卧具首先要进行人工分拣，对被套、枕套、被单等卧具进行分类，把其中有污染的卧具和破损的卧具挑选出来，方便洗涤和件数统计。洗涤车间内外冰火两重天。熨烫区是整个车间内温度最高的区域，洗涤工的头顶是高达 150 ℃的蒸汽管道，身前的熨烫机温度在 160 ℃以上，整个车间温度接近 30 ℃，加上清洗剂的味道，几乎令人喘不过来气，女工们干一两个小时就需要出去透透气。点数、分拣、洗涤、消毒、熨烫、折叠、打包……女工们紧张又高效地完成着洗涤的一道道工序，她们说"能让每一位旅客享受干干净净的服务，我们就感到很开心，不管多累也值了"。

### 3. 行为端庄、举止文明

铁路企业和每一个职工的职业责任，就是服务旅客和货主。因而，要求铁路职工尊重旅客和货主的人格，满足旅客和货主乘车运货过程中的愿望和要求，最重要的是做到语言文明、仪表端庄、环境整洁、微笑服务。

（1）语言文明。

服务工作离不开服务者与被服务者之间的人际交往。特别是铁路客货运输，进行的是面对面的服务，这就决定了铁路职工在从事职业活动时的语言、仪表，以及对待旅客货主的态度在服务工作中居于至关重要的地位，对服务工作的效果具有重大的影响。其实，铁路客货运部门野蛮待客的现象，往往集中表现在语言上，很多时候就是由于讲话不礼貌，说粗话、脏话，对旅客的询问爱理不理，引起旅客和货主的极大反感。例如称呼旅客和货主为"戴眼镜的""戴草帽的"；用难听的词语鄙薄别人"靠边站""老实点"；以命令语气训斥旅客"上那边去！""快走开！"；讽刺挖苦旅客"你聋啦！""你傻啊！"等。上述语言都是不尊重旅客和货主，违背铁路职业道德要求的表现，有损铁路职工形象。相反，如果在服务工作中坚持礼貌用语，来有迎声，去有送声，百问不烦，语言亲切，无形之中就给旅客和货主带来了温馨，融洽了铁路工作人员与旅客和货主的关系，营造了充满友爱和温暖的氛围。

（2）仪表端庄。

仪表端庄实质上是一个人思想情操、道德品质、文化修养和人格气质的综合反映。

举止端庄、统一着装、精神饱满、行为规范，不仅体现了铁路从业人员对广大旅客货主的敬重，也反映了整个铁路企业的精神风貌，同时，还是维护铁路运输生产正常秩序的需要。

（3）环境整洁。

在客货运输工作十分繁忙的情况下，要想保持整洁优美的工作环境，车站工作人员要付出十分艰辛的劳动。但是这对于旅客和货主减轻长途旅行的疲劳，保护旅客和货主的身心健康，维护铁路企业的整体形象，展现铁路企业精神文明的风貌，具有十分重要的意义。如果旅客和货主乘车、运货的场所脏物遍地，既谈不上对旅客和货主的尊重，同时也和工作人员端庄的仪表、文明的语言不协调，难以达到良好的服务效果。

（4）微笑服务。

服务工作特别注重面部表情，冷若冰霜只会使旅客和货主望而生畏，亲切自然的微笑会使人如沐春风。因此，客货运工作人员在服务工作中要坚持做到"三不一微笑"，即不站无声岗，不干无声活，不说粗鲁话，坚持微笑服务。

### 案例

有一天，一名年轻旅客进了候车厅，随便找了个位置坐下，郑州车站客运员张海燕走过去，笑着问："同志您好！请问您乘哪趟车？"年轻人冷冷地说："咋了？"张海燕热情地说："欢迎您到郑州站来，您可能是累了，就先休息会儿，等会儿请您坐到那边去，好吗？"年轻人粗声粗气地说："坐这碍你的事了？"张海燕还是笑着说："同志，我们站有规定，旅客要按乘车车次入座，请您协助我们搞好候车秩序，好吗？"年轻人把眼睛闭上，干脆不予理睬。过了一会儿，张海燕又来到年轻人跟前，说："同志，休息好了吗？请您坐到那边去好吗？"年轻人把脸扭向一旁，一副懒得理人的样子。张海燕移动脚步，使年轻人目光能看到她，尔后双脚一碰，一个立正向年轻人敬礼道："同志，请您配合！"年轻人又把脸转向另一边。张海燕顺着他扭脸的方向跨出两步，立正敬礼，说："同志，请您配合！"这一次年轻人把脸转过来，开始上下打量张海燕了。张海燕第三次向他敬礼："同志，请您配合！"年轻人被感动了，提上包向指定位置走去。张海燕以常人难以想象的耐心，自觉履行着职业责任，充分体现了"旅客至上"的职业道德信念。

4. 钻研业务，提高服务质量

全心全意为旅客货主服务，要靠扎实的业务知识和熟练的职业技能做基础。光凭满腔的热情，良好的愿望，不懂得本职工作的基本知识和特有的工作规律，履行尊客爱货、热情周到的职业道德规范只会事倍功半，甚至事与愿违。因此，钻研业务技术，练好服务本领对于提高铁路运输服务工作的质量，提升整个铁路行业的职业道德水准，显得尤为重要，理应成为铁路职业道德的内在要求。具体应该从以下几个方面下功夫。

第一是刻苦学习文化知识。作为一名铁路职工，如果没有必备的文化科学知识，就难以做好本职工作，甚至不能履行基本的职业责任。作为一名铁路职工，要履行自己的职业责任，达到让人民放心满意的服务标准，必须具备一定的文化知识。

**案例**

某站有一名年轻的货运员，接到一宗发往浙江义乌的搬家货物。由于缺乏地理知识，将"义乌站"错办成河南的"义马站"。货主几经周折，一个月后才拿到棉花被褥，这时隆冬已快过去。与之形成鲜明对比的是，全路路风建设先进个人、徐州列车段餐车长殷娣同志，在一次为聋哑旅客服务时，由于不清楚手语，未能满足旅客的饮食需求，气得旅客不吃饭就走了。殷娣深为自己学知识一知半解，未能满足旅客需求而愧疚，又重新到学校埋头学习哑语，不但较全面地掌握了标准哑语，还学会了一些不规范、不常用的"土哑语"，遇到使用各种哑语的旅客，都能应付自如。三年多来，她共为142人次聋哑旅客排忧解难，被称为聋哑旅客的"贴心人"。

第二是努力提高职业技能。职业道德总是要通过一定的职业技能体现出来的，职业技能是实践和增强职业道德的基本保证。因此，自觉学习业务知识，提高业务能力和工作效率就成为铁路职工职业道德修养的基本要求。

**案例**

守护列车安全的，还有车辆段的质检员。武汉局集团公司武昌客车车辆段质检员黄望明，在检车岗位工作了30年，发现并消除上万起故障和隐患，经他检查的71万辆客车，无一出现安全问题。

黄望明检过的18种客车车型，都像他的老伙计，从检车锤的敲击声，他就能辨别"伙计们"的脾气与身体状况。2010年4月的一天，黄望明对2614次旅客列车进行质量把关，检查到第四辆客车转向架时，他感觉敲击声不对劲。拿着手电筒钻到车底，黄望明发现，内侧横梁一道极其细微的颜色变化痕迹，刮掉表面铁锈，居然是一条长约150毫米的横向裂纹。黄望明敏感地意识到，这类隐患可能在其他同型客车上也会存在。随后，他带着同事们对同型客车全面排查，一周内又消灭了20多起同类隐患。2013年，以黄望明的名字命名的全国唯一铁路客车检车员技能大师工作室成立。6年来，工作室培养省部级技术能手15人、高级技师57人，攻克客车疑难问题400多个，作为一名铁路职工，最可贵的是工作需要什么，就主动学习什么本领，努力掌握本职工作特有的技术和服务规范，为旅客和货主创造一流的服务。这是对本职工作极端负责任的表现，是尊客爱货、热情周到的铁路职业道德规范的最好体现。

第三是掌握服务规律，增强服务效果。铁路各岗位的工作，各有自身特殊的服务方式和工作规律。要搞好本职工作，增强服务效果，提高职业道德水平，一方面需要刻苦学习专业知识，另一方面也需要在工作中注意积累经验，掌握规律，把尊客爱货、热情周到的职业道德要求建立在科学的理性认识的基础上，增强服务工作的针对性、有效性。

襄樊客运段襄京车队干部职工在工作实践中认识到，不同类型的旅客，在旅行过程中的心理状态和行为都是有规律可循的。他们通过召开旅客座谈会，个别征求旅客意见等形式，掌握了大量第一手材料。经过分析研究，归纳出老年旅客、初次乘坐火车的旅客、新婚旅行的旅客等 12 种类型旅客各方面的心理反应和心理需求。他们以这些规律性的认识为指导，有针对性地开展服务工作，对旅客进行及时周到的服务，有效地满足了不同类型旅客对旅行的不同需求，服务质量明显提高，五年来获旅客表扬 15 万人次，报刊、电台、电视台表扬 177 次，充分显示了运用规律性知识指导服务工作的优势。

铁路其他部门同样有探索工作规律，提高工作效率和服务效果的问题。

### 案例

第四是讲究服务艺术，完善服务方式。有了尊客爱货、热情周到地为旅客和货主服务的道德思想动机，还要有完美的表现方式和精湛的服务艺术，否则就达不到应有的效果，甚至事与愿违。如某车站曾发生过这样的事情：一位旅客没有注意列车就要进站，在穿越轨道时，被飞奔过来的客运员一把拖回。列车过后，这个客运员大声呵斥："干啥呀！哪儿不能找死，跑这儿找火车来了？"结果旅客并不感激他的救命之情，反而给车站写了一封投诉信，批评他"野蛮待客"。由此可见，广大铁路职工既要具备较高的职业道德修养，还要讲究服务的艺术。

### 【学习园地】

列车乘务员，她用温馨的话语化解旅客的疲惫，她用甜美的笑容消除旅客的误解，她热情周到地为每位旅客服务，让旅客出行更加美好。

机车电工，是看病的"车辆大夫"，只要接到技检列车的命令，不管冰天雪地还是酷暑高温，他都会第一时间到达作业现场，确保列车正点安全发出。

车站连结员，经常纵身于铁道和列车之间，将到站的列车进行编组和解体，同时要做好连挂车钩、复检列车等工作，用责任和汗水筑起了一道道靓丽的风景线。

车辆熔接工，也被称为"铁裁缝"，他用心焊补着每一处墙板和地板。一副卷尺、一根石笔、一把割把、一支焊枪是他们的"修车四宝"；防护墨镜、防尘口罩、防火工服、电焊手套是他们的"基础装备"，他们用耀眼焊花点亮精彩人生。

### 【思考题】

1. 尊客爱货、热情周到的含义是什么？
2. 铁路职工为什么要做到尊客爱货、热情周到？
3. 如何理解尊客爱货、热情周到的基本要求？

### 【活 动】 服 务 校 园

1. 活动目的

参加校园志愿者组织，组织全班同学通过在校园各个岗位的顶岗服务，体会和培养为他人服务的意识和能力。

2. 活动实施

（1）由班委、团委组成志愿者领导小组。

（2）将全班同学分配到全校各个工作岗位（如食堂、宿舍、教室、卫生区），明确岗位职责，熟悉岗位工作，利用课余时间或素质教育时间，顶岗工作一周。

（3）顶岗工作一周后，每人撰写一篇总结或体会，并进行交流和评定成绩。

# 第四讲

## 遵章守纪　保证安全

安全是推进铁路改革发展最重要的前提、最根本的保障。践行新时期铁路精神，必须把安全作为铁路人的首要职责。

### 【问题聚焦】

2016 年 11 月 20 日凌晨 3 时，一列从巴特那开往印多尔的特快列车在印度北方邦坎普尔附近村庄布克拉扬脱轨，造成至少 120 人死亡，226 人受伤，其中 76 人伤势严重。该列火车 14 节，其中 4 节卧铺车厢严重损毁。事故发生后，数列火车改道。印度出动包括军队等大批救援人员在现场救援。根据数据统计，此次火车脱轨事故或已成为该国近年来发生的最严重铁路安全事件。事故原因是路轨断裂，但具体原因尚未确定。

安全是铁路工作永恒的主题，确保铁路安全畅通，是铁路企业必须履行的社会责任，是铁路企业在激烈市场竞争中生存的根本所在，是推进铁路改革发展的前提条件。

维护国家利益和人民利益，是强国的核心内容，是铁路人义不容辞的责任。国家利益至上、人民利益高于一切始终是铁路人高擎的旗帜。只有始终坚持这一原则，才能真正完成国家赋予铁路的神圣使命，才会不辜负人民群众的热切期盼。每一名铁路人都应落实好这一根本要求，坚守好这一重大原则。

### 【思考园地】

1. 安全是铁路的生命线，保证安全靠什么？
2. 如何才能做到遵章守纪？

新时期铁路精神——安全优质、兴路强国

2014年1月，中国铁路总公司要求全路以学习宣传习近平总书记系列讲话精神为重点，深入开展中国特色社会主义、中国梦和社会主义核心价值观教育，大力弘扬新时期铁路精神，巩固全路干部职工团结奋斗的共同思想基础。党的十九大明确指出，我国经济已由高速增长阶段转向高质量发展阶段，正处在转变发展方式、优化经济结构、转换增长动力的攻关期。

铁路实现高质量发展，必须明确历史方位，坚持目标和问题导向，既要乘势而上，又要迎难而上，切实解决好高质量发展过程中面临的困难和挑战。我国是世界上高铁建设和运营规模最大的国家，也是高铁运营场景和外部环境最为复杂的国家。尤其是站在世界领先位置继续前进，没有可借鉴的现成经验和坐标。探索和把握高铁发展规律，提升安全保障能力，实现高铁持续安全，还有大量难题需要攻克。

## 一、遵章守纪、保证安全的基本含义

遵章守纪指的是铁路职工在从事各自的职业活动中，始终按照明文规定的各种行为规则，一丝不苟地完成生产作业的行为。它包括遵章和守纪两层意思。

所谓"遵章"，实质上就是尊重客观规律，违章则是违背客观规律。因为，铁路运输生产中的法律法规、规章制度是铁路运输生产中客观规律的反映，它既是铁路职工在铁路运输生产实践中经验的结晶，也是铁路运输生产过程中历次重大事故血的教训的凝结。

所谓"守纪"，就是要求铁路职工遵守纪律，实行标准化作业，不允许有违反规定的行为发生。这里讲的纪律，主要是指铁路企业的职业纪律，包括劳动纪律和作业纪律，其中，作业纪律中又包含作业标准、作业流程。

保证安全指的是在铁路这部大联动机里，运输生产各部门、各环节要始终处于有序可控、基本稳定的状态。

安全，一般包括行车安全、人身安全、设施安全、消防安全等方面的内容。对于铁路运输来讲，保证安全主要是指保证行为安全，防止出现各种行车重大事故，尤其是注意避免旅客列车重大事故的发生。因为，安全是铁路运输的永恒主题，是铁路的生命线，确保安全是每个铁路职工的首要职责。确保行车安全是确保铁路运输安全最重要、最核心的部分。

遵章守纪、保证安全作为铁路职业道德的重要规范，就是要求铁路职工在从事自己本职工作时，应从思想上到行为上，把遵章守纪、保证安全作为自己行为的准则，作为调整和处理企业与社会、职工与企业、职工与职工的利益关系的标准，作为判断企业和职工行为对与错、善与恶、荣与辱的准绳。遵章守纪是保证安全的前提与基础，保证安全是遵章守纪的目的。

**案例**

在车流密度最大的京哈线上，位于沈（阳）四（平）段间的新城子站，一位普通得像道砟、平凡得如道钉的共产党员，以他11年无违章违纪的坚守，以对事业的忠诚和奉献，在平凡的岗位上树立了一个永不松劲的安全榜样。

他就是2012年沈阳局先进生产者标兵、沈阳车务段新城子站助理值班员、被身边职工尊称为"崔哥"的崔振亮。参加工作以来，崔振亮没迟到早退过一次，没因个人原因请过一次假、串过一次班。在近11年间，崔振亮从没简化过岗位作业程序，从没存在过事故隐患和发生过事故。崔振亮所在的新城子站，截至2013年5月9日，连续实现安全生产8 860天。

执行一次作业标准并不难，难的是11年执行标准化作业一点不差。崔振亮以遵章是天职、守纪成习惯的坚守，在每月一次的安全考核中，连续11年无违章违纪，是全站这一时间纪录保持最长的人。"每项作业都有规定，规定了就得干，干就要干好"是崔振亮常说的一句话。他是这么说的，也是这么做的，并且一做就是11年。崔振亮把"每项作业都有规定，规定了就得干，干就要干好"当作在日常工作中从严要求自己、从细从实约束自己的座右铭。车站规定助理值班员接发列车，横越线路时必须行走固定线路，并与值班员做好联控。每次作业过程中，崔振亮都按标准用语和值班员联控，因车站作业多，个别值班员有点不耐烦："快回来得了，喊这么多遍烦人不？"可崔振亮却掷地有声地回答："这就是规章、就是规定，不执行不行。"在他的一再坚持和影响下，车站其他职工横越线路和联控的措施都能按规定落实，确保了职工作业中的人身安全。

到职场接发车，他永远保持军人特有的洒脱步伐，挺拔笔直的站姿。整个作业过程中，他手持电台通过标准用语与值班员保持联系，一步不差地按指定线路行走。按规章要求，助理值班员作业时，出务接车要做到眼看、手指、口呼。对于崔振亮来说，无论在站台，还是在深夜远离运转室的无人职场，他每次作业都做到眼、手、口连贯有序，一气呵成。

## 二、遵章守纪、保证安全的重要性

1. 坚持"遵章守纪、保证安全"，加强运输安全工作，是铁路运输生产的目标和首要任务

铁路是大众化的交通工具，是公共安全的重要领域，铁路运输安全是公共安全的

组成部分；铁路运输安全牵动千家万户，关系公众的生命财产安全和切身利益。加强运输安全工作，确保人民群众生命财产的安全，是铁路运输生产的首要任务。运输安全是铁路各项工作的前提，安全第一的要求在任何情况下都不能动摇。

因此，铁路企业和员工必须深刻认识到确保运输安全的重大意义，自觉做到遵章守纪，保证铁路运输的安全，这是建设和谐铁路、构建和谐社会的内在要求。如果铁路治安秩序混乱，生产安全缺乏稳定，就会危及公众安全和职工人身安全，造成人民的财产损失，损害铁路形象，影响社会和谐稳定。总之，只有确保安全，才能把握铁路运输生产的主动权，为全面深入推进和谐铁路建设的各项工作提供良好的社会环境。

**案例**

> 2011 年 7 月 23 日 20 时 30 分，北京南开往福州的 D301 列车运行至甬温线上海局管内永嘉—温州南间瓯江大桥处，与前行的杭州开往福州南 D3115 次动车组列车发生追尾事故。事故造成 40 人死亡，172 人受伤。此事故发生在京沪高铁开通不久，又是暑期运输期间，令全国上下非常震惊，用淋漓的鲜血和生命为飞速发展的中国铁路敲响了一记警钟。诚然，发展铁路提升速度本身并没有错，但当进步必须以生命为代价时，这样的进步就值得人们反思。放眼寰宇：1998 年，德国高铁事故后三天，发生事故的火车型号全部停运检测；2005 年，日本火车出轨，搜救持续三天三夜；2008 年美国洛杉矶火车相撞，25 条生命获赔 2 亿美元……这些教训就是对我们的启示，在飞速发展的进步路上，我们是否也该停下匆忙的脚步，回望究竟为何出发，前方又要去往何处？

京津高铁作为中国首条设计时速为 350 千米的高速铁路，自从 2008 年北京奥运会前夕开通以来，已经整整奔跑了 12 个年头。同时，它的正式投产也意味着中国高铁时代的正式来临。这 12 年间，我国高速铁路已经完成了"四纵四横"网络建设，并且仍然脚步不停，快速朝着"八纵八横"的庞大计划迈进。现如今，中国高铁已经成为中国发展、中国成就、中国价值的一张独特而靓丽的名片。国家领导人在出访的同时不忘把这张名片"秀"出来，展示中国发展的最新成果，同时也希望通过"一带一路"这样的发展规划，让更多的国家参与进来，互利共赢、共同发展、共同繁荣。高铁作为中国名片、中国品质，给世界带去更多的惊喜与改变，让发展更加充满前景，让各国人民共享发展成果。

2. 坚持"遵章守纪、保证安全"，加强运输安全工作，是我国现代化建设的必然要求

铁路在促进经济社会发展中肩负着神圣使命。作为人口规模和经济总量巨大的国

家，我国现代化建设离不开科学完善的综合交通运输体系。铁路是全天候、运量大、成本低、能耗低、污染少的交通运输方式，是综合交通运输体系的骨干，对于加快工业化和新型城镇化进程、促进区域协调发展，以及建设资源节约型、环境友好型社会，具有不可替代的重要作用。必须立足于经济社会发展大局，加快铁路建设发展步伐，发挥铁路的促进和带动作用，为经济社会持续健康发展提供可靠保障。

正因如此，铁路成为我国国民经济的大动脉，一直是我国主要的运输方式。在全面建设小康社会、加快推进现代化建设的进程中，铁路具有越来越重要的地位和作用。铁路运输在全国客货运输总量中的比重长期占大头，全国大宗货物运输基本靠铁路运输。铁路在国民经济中的重要地位和作用，是以铁路运输安全作为保障条件的。近年来铁路对国民经济的重大贡献，是与铁路稳定有序的安全形势分不开的。只有坚持遵章守纪，确保铁路运输安全，才能保证客畅其行，货畅其流，实现国民经济的顺利发展。

3. 坚持"遵章守纪、保证安全"，加强运输安全工作，是实现铁路运输生产任务和生产经营目标的根本保障

铁路运输的安全，关系到铁路运输企业的社会声誉与公信力，关系到铁路运输在市场中的竞争力。铁路运输的基本任务是通过列车运行的方式，安全、准确、快捷、舒适、经济地将旅客和货物运送到目的地。这一任务决定了铁路必须保证旅客和货物的运输安全。一方面，安全本身就是铁路运输生产的目的要素之一；另一方面，安全又是实现铁路运输生产目的的其他要素的前提条件。没有人民群众生命和财产的安全，就谈不上经济、舒适，准确、快捷也丧失了意义。正是从上述意义上说，安全是铁路运输的生命线，安全工作是检验铁路工作好坏最重要的标准，是铁路完成生产任务、取得社会效益和经济效益的基本保证。

4. 坚持"遵章守纪、保证安全"，加强运输安全工作，是保障铁路员工切身利益的需要

安全关系到铁路运输生产任务的完成状况和经济效益，关系到铁路企业的市场竞

争能力和发展前途。从根本上说，企业的经济效益提高了，员工的经济利益才有保障，企业的声誉形象良好，员工才有荣誉感，企业有发展前途，员工才有奔头。反之，如果出现安全事故，轻则员工的经济利益受损失，重则或者承担刑事责任，或者自身致伤致残，甚至付出生命的代价，既可能给国家造成无法弥补的损失，也可能给他人及其家庭造成痛苦。因此说，坚持"遵章守纪、保证安全"，是维护旅客和货主的利益的需要，也是维护铁路员工切身利益的需要。

### 🚄 案例

王宏，哈尔滨工务大修段移动焊轨车间机长。2016年获得哈局"最美青工"，同年获得了全路"尼红奖章"。军人出身的他，一直保持着特有的严谨和坚韧的品质。2011年王宏还是一个钢轨焊接工，但他凭着一股钻劲很快就成为吊机、焊机等各个工位的技术达人。

焊机保养和焊接质量都有硬指标。焊机质量是长轨的生命，一个焊头事关千百名旅客的安危，因此王宏设定了每个焊头都成为精品的硬指标，作业前他对头部对位几何尺寸空间位置和接口清洁度认真检查，不达标准坚决返工，作业中他认真控制焊机参数，确保顶锻量、电流电压等符合标准。为保养好设备，他结合生产实际，设计了自行焊轨车点检记录，细化了19项点检内容和具体标准，确保每天设备巡检不简化无漏项，保证焊轨车始终在最佳状态。

王宏用实际行动来践行岗位职责，给青年职工们树立了榜样。他用自己的高超业务能力、聪明智慧和吃苦耐劳的精神继续刷新着大修施工的各项纪录。

## 三、遵章守纪、保证安全的基本要求

思想决定行动，理念引领行为。落实好安全这一铁路人的首要职责，关键在于强化安全风险意识，树立正确的安全理念。

### 1. 树立安全预防为主的观念

所谓"安全第一"，就是铁路企业和员工要把安全工作摆在各项工作的首位，作为铁路工作的首要目标和首要任务，铁路的一切工作都要服从安全工作。

"安全第一"明确了安全工作在铁路工作中的地位和作用，确定了正确处理安全工作与其他工作关系的根本原则。

所谓"预防为主"，就是铁路企业和员工要掌握安全工作的主动权，防患于未然，超前预想，及时发现和科学处理运输生产中危害安全的潜在因素，以防止和避免事故的发生。"预防为主"明确了安全工作的基本方法，它强调安全工作最重要的是，对可能存在的安全问题进行前瞻性的预测分析，事先采取周密有效的防范措施。回顾发生的各种重大事故，不少是因为预防不力，缺乏必要的监测监控。坚持预防为主，应始终坚持"规范管理，强基达标"，规范安全管理，加强安全基础建设。

"安全预防为主"是铁路安全生产的指导思想，是铁路工作的永恒主题，是对长期铁路运输生产实践的经验教训的高度概括。"安全第一"与"预防为主"是不可分割的，"安全第一"是"预防为主"要达到的目标，"预防为主"是实现"安全第一"的主要手段和基本途径。

### 案例

姜新松 1979 年出生，壮族，中国铁路南宁局集团有限公司柳州供电段柳州供电三车间技术员，曾获得"全路优秀共产党员""广西五一劳动奖章""全国铁路劳动模范"等荣誉称号。

柳南高铁是南宁局集团公司接管的首条高铁，接触网维修养护和故障处理没有经验可借鉴，前所未有的困难和挑战接踵而至，一切几乎都是由身为工长的姜新松带着班组职工慢慢摸索。温度变化对接触网棘轮补偿装置的影响过大，是柳南高铁开通运营初期姜新松遇到的较为棘手的难题。在未达到当地最高气温时，小轮缠绕圈数已经超过 4 圈，超出了棘轮 2.5 圈的正常运行范围，存在安全隐患。为确保棘轮补偿装置正常运行，姜新松带领班组职工多次到现场观测、记录补偿装置运行时的最高温度和最低温度，并根据设计方案制定了两种行之有效的办法，及时处理了管内 26 处棘轮补偿装置的潜在隐患。半年时间里，工区管内近 200 千米线路他来回走了两遍，平时一双能穿半年的工作鞋换了 4 双。

曾有人问姜新松，一门心思扑在工作上，值得吗？姜新松看着安全生产天数，脸上浮现出幸福的微笑。如果说磨砺有味道，那一刻，想必他尝到了世上最甜的蜜。近两年他先后为新成立的宜州供电车间、首条开展达标线建设的柳南高铁提供技术指导，一如既往地啃最硬的骨头、到最需要的地方去。

对安全工作的根本态度和思想状况，是影响铁路运输安全的关键因素。安全预防为主的指导思想，规定了安全工作在铁路企业和员工心目中的位置，决定了铁路企业和员工对安全工作的根本态度。从铁路的实际情况来看，影响铁路运输安全的因素，包括环境、设备、制度和人，其中环境是安全的条件，设备是安全的基础，制度是安全的保证，人是安全的关键。据吕长清等人《中国铁路运输安全工作的回顾与思考》一文统计，1989 年至 2001 年 5 月期间发生的旅客列车重大事故中，由于铁路员工自身责任造成的占 64.4%，事故的主要原因是违章违纪，由于设备原因造成的占 9.2%，由于自然灾害造成的占 13.8%，由于社会治安造成的占 12.3%。

## 2. 认真学习法律法规和铁路规章制度

《中华人民共和国铁路法》第七十一条规定铁路职工玩忽职守、违反规章制度造成铁路运营事故的，滥用职权、利用办理运输业务之便谋取私利的，给予行政处分；情节严重、构成犯罪的，依照刑法有关规定追究刑事责任。

《中华人民共和国刑法》第一百三十二条规定铁路职工违反规章制度，致使发生铁路运营安全事故，造成严重后果的，处三年以下有期徒刑或者拘役；造成特别严重后果的，处三年以上七年以下有期徒刑。

铁路法律法规和规章制度，是对铁路运输安全客观规律的总结，是铁路运输多年来生产实践经验和教训的总结，是铁路运输安全的制度保障。我们应该认真学习法律法规和规章制度。

首先，要认真学习国家和铁道主管部门颁布的有关铁路安全的法律法规，以贯彻落实《铁路安全保护条例》为重点，学习《中华人民共和国安全生产法》《中华人民共和国铁路法》《铁路运输安全保护条例》《铁路交通事故应急救援和调查处理条例》以及其他与铁路安全相关的法律法规。

其次，要认真学习铁道主管部门、各铁路局及各单位制定的安全管理规章制度，熟悉、领会、掌握规章制度，具有必备的安全知识，能熟练运用法规规章方面的"应知应会"。

最后，要加强对一系列新的技术标准、规章制度的学习。随着高速铁路建设，铁路的管理体制和运输生产力布局发生了深刻的变化，铁路的技术装备现代化实现了重大跨越，全路实现了第六次大面积提速。适应新体制、新布局要求的安全管理体系、运行机制基本形成，以客运快速、货运重载、铁路信息化、技术装备现代化为背景，以确保时速 200 千米提速安全为目标，铁路的线路技术管理、各专业的技术标准和规章制度都进行了修订与完善。新设备、新技术的运用，新运行图的实施，形成了新的技术标准体系、新的安全管理制度与办法，这些都体现在新的规章之中。铁路职工应把握新旧技术规章的变化，熟悉各工种的作业标准、作业流程，对必知必会的内容培训过关，遵循新的操作规律，提高技能，强化应急处理能力，在工作中自觉遵守这些规章制度，保证铁路运输的安全。

**案例**

2012 年 6 月 7 日 9 时 12 分,57907 次列车运行至青藏铁路青海境内连湖至欧龙山间下行线 K582＋740 米处时，撞向正在铁路线上作业的 3 名在职职工，造成其中 2 人当场死亡，1 人在送往医院的途中死亡。

据事故调查组分析的原因称："德令哈工务段泉水梁线路工区'天窗'点外违章使用捣固机等机具上道整治线路病害，违反了《铁路营业线施工安全管理办法》；在现场作业的防护员违反《铁路公务安全规则》，未及时通知现场作业人员下道避车且离岗参与作业，导致防护失效；工区工长擅离职守，离开作业点从事其他工作，致使现场作业失控；值乘司机违反"技规"，在运行中间断瞭望，且在听到撞击异响时，臆测行车，既未采取停车措施，也未报告。"

青藏铁路公司据此定责："德令哈工务段主要责任，追究西宁机务段同等主要责任。"依据青藏铁路公司制定的有关规定，青藏铁路公司安全监察室、工务部、机务部，德令哈工务段、西宁机务段等部门的 36 人分别受到撤职、行政降职、降级、严重警告和调离的处分。

3. 标准化作业，养成遵章守纪的职业习惯

学习铁路法律法规、规章制度以及新规章、新技术标准，必须转化为在岗位上严格遵守规章、按标准作业的职业行为，并将他律转变为自律，把安全变成职工的内在需求，使标准化作业成为一种职业行为方式、职业行为习惯。树立"遵守规章光荣、违章违纪可耻"的良好风尚，做到说标准语，干标准活，交标准岗，不简化作业，不错不漏作业，不离岗串岗，不盲目蛮干。

🚄 **案例**

在遵守规章制度和作业标准方面，可以说，愚者用鲜血换取教训，智者用教训制止流血。呼和浩特铁路局福生庄养路工区工人几十年如一日，坚持执行规章制度、标准化作业不走样，创造了 59 年两万多天安全无事故的奇迹。在一个九曲十八弯、线路基础磨损严重、重载运输密度大、防灾抗灾能力弱的养路难区，福生庄一代又一代的养路工人把"理由再大不如安全责任大，人情再大没有规章制度大"作为信念，将标准化作业、执行规章制度不走样作为铁律，把"每件工作质量精确到毫米、差一毫米也不行"作为工作标准。在他们身上，遵章守纪、标准化作业成为一种职工的思维方式、情感方式、行为方式、职业习惯。正因于此，他们创造了全国铁路干线养路工区生产安全第一的纪录，从而成为铁路工人学习的楷模。

从铁路运输生产的实践来看，发生事故的原因，大多数是职工"两违"，即违章违纪造成的。一般而言，没有哪个事故的责任者希望出事故。他们往往也清楚有关规章和作业标准，但事故却发生了，而且事故正是违章违纪造成的。可见，违章违纪不是由于不知规章产生的，而是明知故犯，知章不循，有纪不守，有规不依。从根本上究

其原因，是对遵守规章制度和安全生产之间的必然联系认识不清楚，未真正把规章纪律与自身利益统一起来看待，没有把对规章制度的认知转化为自身的内在需要，没有将规章制度的约束由他律变成自律。因而在实际行为中，把规章纪律与职业行为割离开来，把遵守规章仅作为一种形式主义的东西"表演"给管理干部看。

**案例**

> 2011年7月23日20时30分05秒，甬温线浙江省温州市境内，由北京南站开往福州站的D301次列车与杭州站开往福州南站的D3115次列车发生动车组列车追尾事故，造成40人死亡、172人受伤，中断行车32小时35分，直接经济损失19 371.65万元。"7·23"事故暴露出在推进铁路发展过程中，安全发展理念树得不牢、行业监管职能履行不到位、对安全关键设备上道把关不严和上海铁路局安全管理薄弱、现场作业人员应急处置不力等问题，教训极为深刻。

在铁路职业工作中，必须注意防止以下几种危害安全的思想。一是麻痹思想。在总体上较长时间内本单位、本人安全状态良好的情况下，易忽视安全隐患的查找和安全意识的强化，然而，"安全来自高度警惕，事故缘于瞬间麻痹"。二是怕麻烦，图省事的思想。把本应履行的程序减掉了，把正常的程序颠倒了，可结果往往是怕麻烦导致真麻烦，图省事却酿大祸。三是侥幸心理。有的人认为"出事故就像中大奖，机会不会到自己头上"，盲目轻信不会出事故；有的人认为"以前这么干都没出事，现在这么干也不会出事"，凭经验认为不会出事故，但经验和侥幸毕竟有极大的局限性。四是功利心理。"上下一条心，隐瞒事故分奖金"，不能正确处理好安全与效益的关系，最终可能损失根本利益和长远利益。五是形式主义和麻木态度严重，抓安全工作时紧时松，安全管理松弛，"严不起来，落不下去"，对违章违纪视而不见，形成惯性，由此造成安全隐患。此外，还存在对规章纪律的反感、抵触情绪的问题。

4. 一丝不苟，认真履行职责

人们经常把"安全高于一切""责任重于泰山"并列而言，意味着安全意识与职工的职业责任感息息相关。铁路作为一个大联动机，其规章制度规定了每个工种、每个岗位的作业标准、作业流程、劳动纪律。每个部门、每个工种、每个岗位的标准化作业都是铁路运输安全链的一个环节，所谓"安全重担大家挑，人人头上有指标"，只有每个职工都认真履行职责、忠于职守，才能实现安全稳定有序。因此，为了保证铁路运输的安全正点，铁路职工都应树立"安全在我心里，安全在我手中"的意识，具备强烈的职业责任心，自觉为运输安全尽责尽职。

第一，要养成一丝不苟的严谨工作作风。这就是说，铁路职工要做到"在岗一分钟，尽责60秒""坚持岗位一刻不离，按章操作一项不漏，标准用语一字不差，列车运行一丝不苟"，严守规章。在长期的工作实践中，在一丝不苟的工作作风方面，各部门、各工种都形成了具有自身工作特色的精神风貌。如车务部门的"多想一点，多问一句，多看一眼，多跑一步"，车辆部门的"一车一辆不放过，一丝一毫不凑合，一分一秒不大意，一点一滴讲认真"，走到、敲到、听准、看准，工务部门的施工质量精确到毫米的"毫米标准"，电务部门的"精检细修"，机务部门的"精心操作"等，这些都是一丝不苟的工作作风的具体表现。

**案例**

> 　　29 年来始终坚守作业标准，实现零违章、零违纪、零事故。这是中国铁路广州局集团有限公司娄底车务段冷水江东站调车长杨卫华参加铁路工作 29 年来创造的安全奇迹。他先后获得"火车头奖章""全国铁路优秀共产党员""全国铁路劳动模范"等荣誉称号，2016 年获"全国优秀共产党员"称号。
>
> 　　调车工作，就是对南来北往的货车进行解体和编组，调车作业简单的一钩活，至少需要执行 6 次呼唤应答、9 道程序、18 条固定用语。29 年来，无论白天黑夜、烈日暴雨，杨卫华始终坚守"执行标准一点不差，作业程序一个不少"，从不简化任何用语和程序，共计完成呼唤应答 120 多万次、作业程序 180 多万道、固定用语 400 多万条，从不漏项、从无差错，实现安全调车 20 多万钩、100 多万辆，做到了钩钩按标准、辆辆无差错。
>
> 　　从扳道员、连结员到调车长，一路走来，杨卫华一直坚守在铁路调车作业一线，付出了常人难以想象的努力，一丝不苟、务实苦干、任劳任怨地坚守标准。在他看来，按章作业是铁路职工的天职，做到这一点，就能实现零违章、零违纪、零事故。

　　第二，刻苦钻研业务，提高业务技能。这就是说，铁路职工必须钻研业务，提升自己的技术素质，熟练操作各种设备，提高应急处理能力，练成"一口清、一手精、问不倒、难不住"的业务技能。近几年来我国铁路以客运快速、货运重载和新技术装备运用为重点，以掌握核心技术为目标，通过大力推进原始创新、集成创新和引进消化吸收再创新，使铁路现代化水平得到大幅度提升。例如成渝高铁是我国"八纵八横"高铁主通道沿江通道的重要组成部分，是成渝地区双城经济圈城际铁路网的主骨架，线路全长 299.8 千米。为贯彻落实党中央关于成渝地区双城经济圈建设的战略部署，更好地满足沿线群众出行需求，国铁集团充分运用我国高铁科技创新成果和运营实践经验，积极组织开展成渝高铁达标提速提质工作，多项技术实现新突破，除两头枢纽外，中间线路将按最高时速 350 千米运营。2015 年 12 月建成以来，按时速 300 千米运营，客流呈现快速增长趋势，2019 年发送旅客 3 185 万人次，较 2016 年增加 1 507 万人次，增长 89.8%。因此，铁路职工必须适应铁路快速发展的需要，认真学习和掌握新技术，熟练操作新设备，确保铁路运输安全的持续稳定。

第三，关注路外安全，主动参与平安铁路建设。从我国目前的实际情况来看，许多的事故来自铁路系统之外，如环境破坏对铁路安全的影响，不法分子和顽童对路轨设施的破坏，行人牲畜上道，盲流扒乘车等问题未得到根治。对这些问题，铁路采取了专项整治、综合治理、护路联防、创建示范路段等措施。每个铁路职工都应以主人翁的态度，主动对路外群众进行铁路法律法规、安全知识的宣传，投身到"关爱生命，建设平安铁路"的活动中去，减少路外伤亡事故，创造良好的安全环境。

**案例**

在京九线上，有一位"草根明星"。他在职业生涯中完成了学、干、带三部曲，先后获得"全国技术能手""火车头奖章""全国五一劳动奖章""全国劳动模范"等荣誉，还光荣当选党的十九大代表。

尽管光环满身，可他依然保持敬业如一的初心，在平凡的岗位默默奉献。这位"草根明星"就是中国铁路南昌局集团有限公司向塘机务段向塘运用一车间机车司机郭学飞。

火车司机的工作很辛苦，可郭学飞从未叫过苦。他坚信："只要心中有梦，不断努力，成功的鲜花自会盛开。"内燃机车上的零部件有上万个，检查一遍要花几个小时。检查过程中郭学飞常常因为蹲久了眼冒金星，直不起腰。有时柴油机刚停，温度高达五六十摄氏度。为了抢时间，他顶着高温一头钻进去检查，衣服湿了干、干了又湿。

郭学飞的汗水没有白流。苦练让他的业务技能得到快速提升，很多机车的疑难杂症他都能"手到病除"。

一次，郭学飞值乘的货物列车与先前到达的另一列货物列车在江家站待避客车。一趟旅客列车通过后，信号开放，邻线货车却迟迟没有动静。郭学飞凭经验判断，那台机车出现了故障。他跑过去一看，机车仪表显示无流无压，果然"趴窝"了！郭学飞早已对这些故障的处理方法烂熟于心，他只用了短短2分钟，便帮助邻线机车司机排除了故障，避免了一起机破事故。郭学飞用默默坚守、始终如一、敬业爱岗的行动，生动诠释了"不忘初心，方得始终"的含义。

刻苦钻研，勇于创新。郭学飞把开火车这件平凡的事做到了最好。无论是在蒸汽机车向内燃机车转型时期，还是从内燃机车到电力机车的更新换代，他都能迎难而上、勇当先锋，啃别人不敢啃的"硬骨头"，干比别人多的"难干活"，最终成为全路技术尖兵。在铁路发展日新月异的今天，我们迫切需要像郭学飞一样坚守初心的人。唯有向榜样看齐，努力拼搏奋斗，我们才能在交通强国、铁路先行的伟大事业中做出更大贡献。

## 【名言警句】

1. 安全第一，预防为主，综合治理。

2. 安全法规血写成，违章害己害亲人。

3. 安全来于警惕，事故出于麻痹。巧干带来安全，蛮干招来祸端。

4. 安全来自长期警惕，事故源于瞬间麻痹。

5. 安全人人抓，幸福千万家。安全两天敌，违章和麻痹。

6. 安全生产，警钟长鸣。

7. 安全生产，人人有责；一分责任，十分落实。

8. 安全生产只有起点，没有终点；只有更好，没有最好。

9. 安全是生命的基石，安全是欢乐的阶梯。

10. 安全是生命之本，违章是事故之源。

11. 安全投入不可少，隐患排查最重要。

12. 安全要讲，事故要防，安不忘危，乐不忘忧。

13. 爱岗敬业是本分，遵章守纪是责任。

14. 安全，只认规章不认人。

15. 安全不离口，规程不离手。

16. 安全第一是灵魂，杜绝违章是根本。

17. 安全都知道，关键是做到。

18. 安全规程凝血融泪，遵章作业刻骨铭心。

## 【思考题】

1. 为什么说安全是铁路运输生产的生命线？

2. 铁路职工为什么要做到遵章守纪、保证安全？

3. 遵章守纪、保证安全有哪些基本要求？

## 【活动】 树立安全预防为主的观念

1. 活动目的

要树立"安全重于泰山"的意识，为教学、现场实习创造"安全工作是重中之重"的工作环境。

2. 活动实施

（1）根据专业特点，在专业教师的指导下，模拟现场工作场景，以班为单位成立班组。

（2）班委成立安全督查组并组织一次安全生产大讨论，充分论证事故的危害性及影响，并做发言记录。

（3）掌握进入模拟现场前的安全规章制度，不掌握者不得进入模拟现场。

（4）模拟生产操作，督查组进行安全隐患检查。

（5）每人撰写一篇总结或体会，并进行交流和评定成绩。

# 第五讲

# 团结协作　顾全大局

能用众力，则无敌于天下矣；能用众智，则无畏于圣人矣。

——孙权

一个人如果单靠自己，如果置身于集体的关系之外，置身于任何团结民众的伟大思想的范围之外，就会变成怠惰的、保守的、与生活发展相敌对的人。

——高尔基

## 【问题聚焦】

当今世界风云变幻，而中国潮头勇立；当今世界气象万千，而中国稳健快进。在重要的历史交汇点，中国共产党召开了具有重要历史意义的十九届四中全会。全会指出，我国国家制度和国家治理体系具有多方面的显著优势，其中"坚持全国一盘棋，调动各方面积极性，集中力量办大事的显著优势"，具有丰厚的哲学意蕴和深远的现实意义。

习近平总书记指出，"我们最大的优势是我国社会主义制度能够集中力量办大事。这是我们成就事业的重要法宝"。集中力量办大事的显著优势，在中国的历史进程中，成功破解了绝大多数发展中国家难以突破劣势的现实困境；在新时代的改革进程中，有力回击了诸多攻坚克难和深水挑战的发展难题；在民族复兴的伟大征程中，果敢迎接了当今世界大发展大变革大调整的深刻变局。历史和实践反复证明，集中力量办大事可以积小成为大成、化优势为胜势，是中国共产党带领各族人民成就事业、创造奇迹、砥砺前行的重要法宝。

船到中流浪更急，人到半山路更陡。当前，我国正处于"办大事"的关键时期，要积极顺应时代潮流，适应我国社会主要矛盾变化，统揽伟大斗争、伟大工程、伟大事业、伟大梦想，不断满足人民对美好生活的新期待，战胜前进道路上的各种风险挑战。立足新时代，担当新使命，我们要继续发挥集中力量办大事的显著优势，不断在中华民族伟大复兴征程上续写辉煌！

### 【思考园地】

1. 什么是团结协作、顾全大局？
2. 团结协作、顾全大局的意义是什么？

### 【学习探究】

## 一、团结协作、顾全大局的基本含义

团结协作是指在铁路职业工作中，为了实现共同的利益和目标，各部门、各工种、各职工之间应该互相尊重、互相支持、团结互助、共同发展。

团结协作的具体含义有两点。

一是立足本职，做好本职。只有每个岗位、每道工序的工作质量和安全保证了，工作任务完成好了，铁路运输的生产任务才能完成，运输安全才能实现。一个环节出事故，相关岗位、部门的工作都付诸东流。从这个意义上说，做好本职，亦是顾全大局，履行职责，也是一种协作。

二是主动配合，良性沟通，相互支持，互相连锁，为上下左右的工作创造条件，为其他岗位、工序、部门的安全提供方便、打好基础。铁路运输生产涉及的部门众多，工种繁杂，但若干部门、工种的工作，围绕的是共同的运输目标，彼此分工不分家，是协同作战的兄弟。所以，支持他人，做好"分外事"，换个角度看，也是"分内事"。

#### 案例

铁路部门长年累月用低运价的巨大牺牲，换回了社会各行业的快速发展。在此期间，通过铁路运输的煤炭、石油、钢材、矿石、木材、农产品等，价格不知涨了多少倍。谁又知道，处在社会产业链中最基础环节的铁路，生产成本相应增加了多少倍？仅成品油上涨一项就使得电气化率仅为三分之一的中国铁路成本巨额增加。

请想一想，中国铁路在运力极度紧张的情况下，顾全大局，不惜代价，将90%以上的货运运力向低附加值的煤炭、石油、粮食、化肥等关系国计民生的重点物资运输倾斜，保证了国民经济平稳运行和人民群众生产生活需要。

近 5 年，在铁路建设贷款还本付息金额大幅增加的情况下向国家上缴的营业税、所得税；承担学生运输、"三农"物资运输的运费减免等为国家贡献的资金；用占用运价空间的建设基金和折旧资金进行新线建设和既有线改造，这些钱足以再建造 2 个三峡工程、举办 2 届北京奥运会……

顾全大局是指在铁路职业活动中，应把国家利益和个人利益、集体利益统一起来，从全局利益出发，立足本职，主动协作，共同完成铁路运输生产任务。

顾全大局可以从四个方面理解。首先，全路的整体利益服从于国家利益、人民利益，铁路企业效益服从社会效益；其次，各铁路局、各站段、各单位的利益服从全路整体利益，服从铁路的整体运输生产力要求，服从统筹安排；再次，在部门利益、单位利益不损害国家人民利益，不违背全路整体利益的前提下，铁路职工的个人利益服从集体利益；最后，在以上述三点为前提下，维护和保证铁路职工个人的合法利益。综合起来说，就是一切从大局利益出发，一切服从大局，一切为了大局，反对离开全局利益谈本位利益。

团结协作、顾全大局，其实质都是以高尚的职业道德处理各种利益关系。坚持一切服从大局，摆正社会效益与企业效益的关系。企业效益与社会效益从根本上说是一致的，但有时也会存在矛盾。当社会效益与企业效益发生冲突的时候，应当从社会需要和人民的利益出发，坚持社会效益第一。这是因为，铁路是国家基础设施，是公益性设施，它所创造的社会效益大大高于它自身的企业效益。

## 二、团结协作、顾全大局的重要性

### 1. 团结协作、顾全大局是由铁路的地位、性质和运输生产的特点决定的

站在全局和战略的高度看，铁路是国家的重要基础设施、国民经济的大动脉和大众化的交通工具。我国经济地理特征和社会经济环境的快速发展，决定了铁路在我国经济社会发展中具有不可替代的重要地位和作用。在我国，铁路运输企业主要是国有企业，国家是铁路最大的投资主体，因而铁路运输企业具有公益性与企业性相统一的性质，这一性质决定了铁路运输企业有义务和职责为国家利益、人民利益做贡献，创造良好的社会效益。

铁路本身是由车、机、工、电、辆等多部门、多工种、多层次有机构成的一个整体。铁路运输服务，是旅客和货物的位移。任何一个铁路部门、单位和职工都不可能独立完成铁路运输生产任务。铁路运输这种纵横交织、紧密相连的生产和管理特点，要求全体铁路职工和各个铁路部门，在生产上必须密切合作，协同作业。因此，铁路职工在生产工作中必须既按照精确的分工，严格的要求，尽职尽责地做好本职工作，又要在统一领导下，相互帮助，主动配合，密切合作。实践证明，铁路运输各部门、

单位、工种之间，在生产上配合得越密切，协调得越一致，铁路这部大联动机的运转就越精确，整体功能发挥得就越好，其经济效益和社会效益就越高。反之，就会影响铁路的正常运转，影响整体功能的发挥，影响全局的经济效益和社会效益。

## 案例

2013 年 7 月 2 日 5 时 30 分，当年最强热带风暴从广东省湛江市登陆。热带风暴携风带雨，来势汹汹，南宁铁路局管内黎湛线、河茂线狂风大作、暴雨如注。

该局工务部门安排雨量员 24 小时值班，加强对移动热带风暴方向和雨情的监控，备足防洪机具料具，安排车间、工区留守足够人员，加强对防洪重点地段的检查监控和雨中雨后设备检查，确保一旦出现险情即可迅速赶赴现场处理。

该局车务、货运部门加强旅客乘降组织，强化车辆防溜安全措施，严把接发列车安全关。

该局电务、供电部门组织故障应急处理突击队，及时投入抢险。

由于准备充分、抢险及时，南宁局将热带风暴造成的影响降到了最低，确保了运输安全畅通。

### 2. 团结协作、顾全大局是集体主义原则的具体体现

集体主义原则是社会主义道德的基本原则，也是铁路职工处理职业利益关系的基本原则。

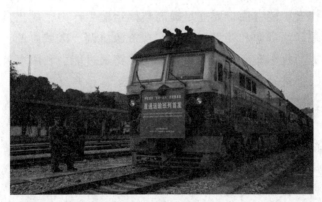

铁路作为一个大联动机，它所涉及的利益是多方面的，既有铁路和国家的利益关系，又有铁路和地方的利益关系，也有铁路和企业的利益关系。从铁路内部看，又有不同层次的全局、局部乃至个人的利益关系等。所有这些关系会不断发生矛盾，而这些矛盾就需要运用集体主义原则来解决。

具体来说，集体主义原则落实到铁路部门，就是要求铁路职工在运输生产活动中始终贯彻执行"人民铁路为人民"的宗旨，团结协作、顾全大局，以全局利益和社会利益为重，坚持局部利益服从全局利益、个人利益服从集体利益，坚决同只顾个人利益、小团体利益、局部利益而损害国家利益的行为做斗争。

新冠肺炎疫情发生以来，中国铁路武汉局集团公司按照国铁集团统一部署要求，坚持打好疫情防控阻击战和确保铁路运输安全畅通两手抓，积极克服城市通道封锁、公共交通停运等困难，全力保障铁路运输安全畅通。2020年2月份以来，武汉局集团公司日均装车2 942车、卸车6 066车，累计发送货物194.4万吨，同比增长23.4%，有效确保了各类货物快速集散中转，满足企业生产和群众生活需求。借鉴"小汤山"模式的武汉火神山医院和雷神山医院先后交付使用。两座医院从项目开工至竣工耗时仅十几天，这背后也离不开铁路的高效运力支撑。铁路部门在抓牢防控工作的同时，持续发挥运输主骨干作用，抢装增运、不辱使命，打通的是经济增长"大动脉"，保障的是国计民生发展"微循环"，为经济社会增速提质开启了新征程。

**3. 团结协作、顾全大局是优化铁路运力资源配置，提高整体运输生产力的要求**

当前，铁路各项事业取得了长足的进步，但是，与国民经济发展的要求仍然存在较大的差距。一个主要问题是运输能力严重不足，路网规模和结构与经济社会发展要求不相适应，"瓶颈"制约严重。这个问题的根本解决，依赖于铁路的发展。面对运力资源紧张、货源分布不平衡的问题，铁路运输工作必须落实科学发展观，坚持走内涵扩大再生产的道路，在加快路网建设、推进技术装备现代化的同时，要挖掘既有线路的运输潜能。在挖潜扩能方面，要立足提高整体运输生产力，优化全路的运力资源配置，最大限度挖掘新增资源和存量资源，实现资源协调、区域协调、客货协调，优化运输组织，不断提高机车车辆使用效率，提高线路通过能力利用率，把新运行图的能力充分释放出来，促进客货运量大幅增长，完成运输生产经营任务。在运力配置和资源协调的过程中，全路必须统一认识，强调以大局为重，做到听从统一指挥，服从统筹安排。

提高全路运输效率和效益，提高路网整体能力，需要每个部门、每个单位、每个职工牢固树立大局意识，贯彻"全路一盘棋"的指导思想，无条件服从生产力布局的调整。在各铁路局、各站段的运输组织工作中，要落实"一主两翼、两线三区域"的运输组织战略要求，实行统筹协调兼顾，强化调度集中统一指挥，站在系统功能的角度来优化运输组织。

**4. 团结协作、顾全大局是铁路职工的优良传统，有利于事业的发展**

团结协作、顾全大局是我国铁路职工的优良传统。我们依靠团结协作、顾全大局的职业道德，在解放战争时期，解放军打到哪里，铁路就修到哪里；在抗美援朝期间，修建了打不断、炸不烂的钢铁运输线；在国民经济恢复时期和社会主义现代化建设时期，铁路职工在铁路内部的车、机、工、电、辆等单位之间、工种之间开展了各种形式的团结协作，大大地提高了铁路运输生产效益。

今天，在铁路工作中，结合工作实际，树立人人想全局、讲全局、为全局，个个讲团结、讲协作、讲奉献的职业道德，有利于在铁路职工之间建立起互助互爱的新型人际关系，有利于在铁路各工种、各部门之间形成联劳协作的良好风尚，有利于增强企业的凝聚力，促进生产力的发展，实现铁路运输生产的安全有序，完成铁路运输生产任务。反之，如果铁路职工没有大局意识，相互之间不团结不配合，各自利用职权互相挟制，轻则影响工作进度，重则影响工作质量与行车安全正点，造成事故，影响个人和企业的发展。这种状况在实际工作中不乏其例。

**案例**

2013年11月22日，D28次动车在行至秦沈客运专线路段时，撞上5名线路作业人员，造成4死1伤。沈阳铁路局当日即发布了内部通报。中国铁路总公司在初步认定报告中称，事故原因为线路员工违章作业，作业班长违章带领作业人员进入封闭网横越线路，现场防护员严重失职，没有及时进行联系和防护，其他作业人员安全意识淡薄，自我保护意识差，最终导致事故发生。该事故被定性为铁路交通大事故。

4名死者包括1名刚上岗两个月的高职毕业生，2名刚参加工作不久的大学生，3人年龄均在23岁左右，另外1名死者是28岁的现场防护员。作业班长则在事故中受伤。

铁路线路工作人员的工作时段精确到分秒。铁路系统对此有一个专业术语——"天窗作业"，即在铁路24小时不间断的运行图内不铺画列车运行线或减少列车运行次数，为铁路维修养护，施工预留的空闲的时间。按工作项目分为"施工天窗"和"维修天窗"。按中国铁路总公司规定，"天窗作业"由相关铁路局制订，总公司组织相关铁路局对施工日期、"天窗"、运输调整等事项进行协调。铁路局在天窗集中维修时，要加强与相邻铁路局的联系，做好分界口施工的衔接工作，确保分界口天窗作业不错位。

## 三、团结协作、顾全大局的基本要求

### 1. 树立在大局下行动的观念

思想是行为的先导。在铁路运输生产中，要自觉做到团结协作、顾全大局，必须树立在大局下行动的观念。铁路是国民经济的大动脉，促进国民经济又好又快地发展是铁路工作的大局，每个铁路职工都要在这个大局下行动。

第一，必须把铁路看作一盘棋。铁路是一个大联动机，需要车、机、工、电、辆等多部门、多工种协调配合，一处不通就会影响一条线，一条线不通就会影响一大片，最终就会影响到国家社会经济的发展。因此，每个铁路职工都应树立全局观念，装车想到卸车，发站想到到站，中间站想到编组站和到达站，线路基建、大修想到运输行车，物资供应、生活后勤想到生产第一线，局部工作想到全局工作，生产想到安全，铁路运输想到全国经济社会发展。

第二，必须坚持小道理服从大道理。这就是说，铁路职工要坚持大局第一，站在全国经济建设这个大局的高度，充分认识到上级根据国家经济建设的需要，要求各铁路局按计划完成排空保重的任务，是从大局出发的。功在国家和社会，最终也有利于铁路的发展。

第三，必须在服从大局的前提下求发展。广大铁路职工应在强调服从全局的同时，自觉挖潜、扩能、增效，为服从大局、保证大局、促进大局创造条件，多做贡献。

**案例**

> 一年一度的春运是实施全路一盘棋的成功范例。在运力特别紧张的春运阶段，铁道部门采取有力措施，保证了一次又一次平稳、安全、有序的春运，实现了春运客货的增运增收。总结春运的经验，主要有以下几条：一是把安全作为核心紧抓不放。二是坚持全路一盘棋，各铁路局、合资铁路公司、地方铁路公司坚决服从全国铁路的春运大局，以大局观念指导处理好管内与直通、局部与整体的关系，科学合理安排运输能力，优化列车开行方案，努力实现全路能力的最佳配置。在分析全路春运客货流变化规律的前提下，铁路春运坚持"以客为主，客货兼顾，南客北货，南车北调""有流开车、无流停运""停短保长，确保直通"等战略，具体来说，就是实行统筹兼顾容货运输，南方以客运为主，北方以货运为主，南方局要按照运用车调整目标，将运用车调到北方局，既为北方局增加货运量创造条件，又为南方局准备更多的客车通道，集中全路力量支持重点地区。春运期间，节前集中全路力量支持广州、上海、北京地区，节后集中全路力量重点支持成渝、武汉、南昌、合阜地区；在客运总能力紧张、中长途运输和短途运输不可兼得的情况下，"抱西瓜舍芝麻"，抓住中长途直通运输这一重点；全力保证关系国计民生的重点物资运输。从中可见，春运的成功正是依靠强化集中统一指挥，严肃运输纪律，做到令行禁止，确保全路一盘棋。

树立在大局下行动的观念，需要处理好以下几个关系。

第一，摆正社会效益与铁路企业效益之间的关系。一般来说，铁路的企业效益与社会效益在根本上是一致的，但有时也会发生冲突。当铁路的企业效益与社会效益不一致时，铁路职工应当从社会需要和人民的利益出发，坚持社会效益第一，把社会效益放在第一位。

第二，正确处理长远利益与眼前利益的关系。每一个企业和职工都会面临如何处理眼前利益与长远利益关系的问题。对企业和职工来说，无论是眼前利益还是长远利益都是不可缺少的。眼前利益与长远利益的关系表现在眼前利益是长远利益的一部分，长远利益中包含着眼前利益。眼前利益与长远利益在根本上是一致的，但在一定条件下，实现眼前利益与实现长远利益会有不一致的地方。在这种情况下，就必须既看眼前利益，又注重长远利益，为实现人民的长远利益，实现企业、社会发展的战略目标，有时需要牺牲一定的眼前利益。

第三，正确理解集体利益与个人利益、全局利益与局部利益的关系。在社会主义条件下，国家利益、集体利益与个人利益在根本上是一致的。国家利益是各处地方、各个职业团体和每个个人根本的、全局的利益。实现国家的繁荣和富强，是各行各业和每个人最大的利益。同时，也要承认和保障个人的、各个职业团体的正当利益。因为，这种正当利益是个人正常生活和工作、职业团体从事生产经营活动的物质文化基础。当个人的利益、职业团体的局部利益与国家利益、全局利益发生矛盾时，个人利益、职业团体的局部利益就应当服从国家的利益和全局的利益。

**案例**

2018 年 2 月 28 日，备受世人瞩目的北京至雄安铁路正式开工，得到社会各界的广泛好评。不久的将来，以京津雄为核心、辐射全国的高铁通道将精彩呈现，铁路将全部覆盖县级行政区和京津冀核心区 10 万人口以上中心城镇。

在长江经济带发展规划上，铁路的战略支撑作用同样引人注目。2020 年，呈现在世人眼前的是一张与长江经济带"一轴、两翼、三极、多点"新格局相适应的多节点、网格化、高效率现代化铁路网，是一个"带内畅通、南北通达、辐射全国"的铁路客运网络和"铁水公"分工合理、相互融合的综合物流运输体系。

时间回溯到 2016 年、2017 年，习近平主席先后出席在波兰举行的中欧班列首达波兰（欧洲）仪式、在哈萨克斯坦举行的中哈亚欧跨境运输视频连线仪式。时至今日，中欧班列已成为"一带一路"建设的标志性成果。

实现区域协调发展，推动"一带一路"建设，要求铁路搭建起新通途。打赢蓝天保卫战、打好精准脱贫攻坚战，同样呼唤铁路展示新作为。

唐山市政府与铁路共同开启曹妃甸港铁路集疏运体系建设，紧锣密鼓"公转铁"，2018 年铁路承担 1500 万吨疏港物资运输，2019 年达到 4000 万吨。2020 年，京津冀区域"公转铁"达到 2 亿吨以上，可减排氮氧化物 16.5 万吨，这个数字是京津冀地区机动车大气污染排放量的 18%。

在祖国广袤的大地上，驰骋的复兴号赢得点赞无数，而公益性"慢火车"同样让老百姓称道不已。分布在 21 个省（区、市），覆盖湘西、云贵、川北、东北、南疆等 35 个少数民族地区，经停 530 个车站的 81 对"慢火车"，人均千米票价不到 6 分钱，为贫困群众脱贫致富提供了基础支撑。

2. 自觉搞好铁路系统内部的精诚合作

自觉搞好铁路系统内部的精诚合作，是针对铁路系统各部门、各单位、各工种、各岗位内部及其相互之间的协作关系而言的。从构成铁路联动机的多个层次而言，铁路系统内部的协作主要包括班组的协作关系、站段的协作关系、运输结合部的协作关系等。

首先，要正确处理班组的协作关系，搞好班组成员的合作。班组是铁路运输生产最基层的单位，是铁路运输生产过程的基础。班组的协作，涉及班组内部的工种之间、工序之间、岗位之间的分工与合作。班组的合作要求班组成员一要做好本职工作，在站段、车间的统一指挥指导下，完成自己的运输生产任务。二要做好安全互控，这是做好本职的作业流程内容，也是在安全上互相监督。班组是安全互控的重点，同一作业中各工种、工序内部和相邻岗位间以互控的形式互相制约，达到作业的安全质量标准。比如，机车乘务员往往是两人或三人共同完成运输任务，除各负其责搞好自控外，很多作业环节需要做好互控。问答式呼唤应答制度就是一种互控，呼唤应答必须要两人及以上才能完成，作业过程中彼此用呼唤应答的标准语言"高声呼唤"，一问一答，辅以手势，配合完成作业任务和安全互控。三要做好不同工序之间的作业衔接、班组与班组密切结合。

其次，要正确处理站段之间的协调关系，搞好车、机、工、电、辆等各部门之间的合作，这是运输生产中最重要的团结协作。车、机、工、电、辆等各部门，涉及列车编组、始发，途中运行、到达、解挂、解体等各个环节，紧密相连，组成一个连续的运输生产过程。虽然实行集中统一指挥，但各单位各有自己的具体利益，各部门不能只从局部利益出发，而应从全局利益出发，为兄弟部门的工作着想：自觉搞好联劳协作，为共同完成运输任务创造良好条件。具体来说，就是每个部门的作业都为与之衔接、关联的部门的工作着想。一方面，明确分工，完成本职，为相关部门提供安全优质的"产品"；另一方面，主动为其他部门的工作提供方便，服务他人，由此形成合力，提高工作效率和经济效益。如电务部门总结的信号工作"三好一减少"，即"与工务配合好，让车务使用好，为机务服务好，减少对行车的干扰"，就是与其他部门建立良好协作关系的正确态度。反之，如果施工单位、设备制造与维修部门不保证质量，就会影响使用部门的工作效率和职工人身安全，影响行车安全。如果野蛮装卸作业，就会使货运职工找货源的千辛万苦付诸东流。

最后，要正确处理运输结合部问题，搞好各单位在结合部的合作。运输结合部是各工种、各工序、各部门在作业过程、作业时间、作业空间、设备管理、职责权限等方面相互交叉、重叠的部分。这些结合部，往往是各部门利益的焦点，也是各部门协作的难点、盲点。譬如，车站是各工种集中作业的区域，当前，为了扩大运能，压缩了列车追踪间隔、区间运行时分。与此相应，不仅机车换挂、货车技检时间压缩了，装卸、工务、电务等作业的质量和效率要求也更高了，如果机务、车辆、电务、工务等任何一个部门在车站的作业延时，达不到新的技术标准，就会牵一发而动全身，打乱站间作业秩序，导致后续工种顺延，影响列车正点运行，所以各部门必须保证衔接顺畅。各铁路局、各站段之间在空间结合部的协作，亦直接关系到线路的畅通与整体利用效益，如分界口的堵塞会造成线路的"梗阻"，虚靡又会造成运能的浪费，尤其是货运，由于各站货源大小不一，每天装车数不一样，货物去向也不同，需要各铁路局、各站段必须按照列车编组计划规定，编制本单位的运输生产计划，实现均衡运输，保证交界口畅通。

在现实中，个别部门、个别单位存在一些不讲协作、不重合作的现象，主要表现在以下四个方面：一是本位主义思想，只为本单位、本部门的利益着想，如在车辆等资源的统筹上总想"多吃多占"；二是结合部问题互相推诿，如线路上的信号机故障，有的工务部门和电务部门互相踢皮球；三是部门之间、单位之间、工种之间沟通不良，对他人存在的问题采取事不关己的态度；四是各自为战，如分界口的堵塞与虚靡。上述现象不利团结，不利工作，不利安全，不利铁路整体利益。

**案例**

> 　　大协站是 20 世纪 60 年代原铁道部命名的"全心全意为人民服务的好车站"，从此"大协精神"开始在全路闻名。"大协精神"是大协站职工在运输生产中表现出来的联劳协作、勇于奉献的精神，也是团结协作的榜样。该站几十年如一日坚持为到站服务、为编组站服务，"想用户所想，急用户所急，帮用户所需"，始终做到"宁愿自己千钧挂，不让到站一时难"，一直编开超越多个编组站的"大协武"直达列车，坚持按到站的货区货位和专用线的顺序编发高质量列车，为提高到站、编组站的无调比重和铁路的整体效率做出了重大贡献，每开一万列直达，可节约 94 万多车小时，节约了巨额的运营费。大协站这种为协作伙伴着想，主动配合服务的精神是铁路各部门和职工学习的楷模。

3. 主动与路外各部门各单位开展合作

铁路的建设、铁路运输任务的完成和行车安全，牵涉路内路外方方面面，因此，团结协作，顾全大局，不仅要求搞好铁路系统内部的协同作业，而且要搞好铁路与路外有关部门、单位、个人的合作。

第一，铁路要主动做好与旅客、货主的合作。

旅客、货主是铁路效益的源头，是铁路服务的对象，是铁路生存发展的依靠。做好与旅客、货主的合作，关键是提高服务质量。每个职工、每个部门都应把自己的工作看作是铁路为旅客货主服务的一部分。在当前铁路运输需求量增大而运力不足的情况下，一方面要认识到，正是多年来铁路通过不断提高技术与速度、提升职工素质、改善服务方式等方面的努力，提高了铁路的服务质量，为铁路赢得了市场，赢得了客货源；另一方面，在眼前的有利条件下，铁路职工要强化危机意识和竞争意识，进一步提高服务质量，才能在竞争中保有市场和开拓更大的市场空间，否则，发展机遇稍纵即逝。

第二，要搞好"路地合作"。所谓路地合作，就是铁路及各级地方政府的合作。铁路与国家的发展紧密相连，与地方的发展更是相互倚重、相互促进。一方面，铁路发展取得的巨大成就与重视、正确领导分不开，与各级政府的大力支持分不开。在中央的高度重视和正确领导下，青藏铁路建设就有从中央到地方上百个单位、十几万大军同舟共济、团结建设。另一方面，铁路建设对地方经济发展和国民经济发展具有重要的带动、推进作用，"要想富，先修路"即是形象的说明。铁路各部门和职工在坚持铁路运输首先要为国家利益服务的大局意识的同时，应该把建立和谐的路地关系当作一项政治任务，主动融洽路地关系，造福地方百姓，为沿线地方政府和人民群众办实事，形成双赢的路地关系，为铁路建设和运输生产创造良好的社会环境。

铁路作为国民经济大动脉、作为国家重要的基础设施，和大众化的交通工具，务必要保持和发展在综合交通运输体系中的骨干作用。多年来，铁路建设和运输生产为地方经济发展做出了重要贡献。2019 年全国铁路行业固定资产投资完成 8 029 亿元，新开工项目 35 个，"四纵四横"高铁网提前建成运营。客货运输强劲增长，国家铁路完成旅客发送量 30.39 亿人、同比增长 9.6%，货物发送量 29.18 亿吨、同比增长 10.1%。经营效益大幅提升，铁路运输总收入 6 958 亿元，同比增收 1 010 亿元、增长 17%，增收额创历史纪录。技术创新跃上新台阶，高铁工程建设、装备制造、运营管理三大领域成套技术体系保持世界领先水平。

第三，积极搞好铁路不同投资主体之间的合作。

为了加快铁路的发展，铁路市场化融资迈出了新步伐，社会资金积极参与铁路建设，投资主体多元化程度提高。因此，铁路必须处理好投资主体之间的关系，以发挥国有资本的主导作用为核心，坚持社会效益、国家利益、人民利益至上的原则，按照《中华人民共和国公司法》等法律要求，妥善处理不同投资主体之间的利益分配关系。

第四，积极做好与路外的设备、技术供应方的合作。

在经济全球化和我国对外开放深化的时代背景下，引进国外先进的技术、设备、运营管理经验，可以快速提高我国铁路的技术、装备水平和职工的技术素质，是实现快速发展的重要途径。如时速 200 千米客车动车组技术引进，为第六次大面积提速提供了装备保证，对我国铁路加快装备现代化进程，打造中国品牌的客车动车组，具有重要意义。在引进技术和设备方面，我国铁路要按照"引进先进技术，联合设计生产，打造中国品牌"的总体要求，处理好与合作伙伴的关系，走引进技术与自主开发相结合的道路。

### 案例

　　"火车跑得快，全凭车头带。"人们耳熟能详的这句话，对高速列车并不适用。

　　高速动车组的动力，由分布在车厢底下的电机提供，每节车厢运行中都要出力。正像中国高铁的创新团队一样，是政府、企业、科研院所的紧密组合，才能迸发出巨大的集体力量。

　　实现高速之梦，谁来领跑？中国高铁缘何跑出如此之多的"世界第一"？

　　"铁路主管部门充分利用政府这只'有形之手'，主导了自主创新的'高铁模式'，同时发挥市场的作用，这是一个成功的探索。"

　　德国西门子、法国阿尔斯通、日本川崎重工和加拿大庞巴迪，四家世界高铁技术的巨头，面对庞大的中国市场，摩拳擦掌，跃跃欲试。过去，我们引进技术，往往单打独斗，被各个击破，最后付出很高代价，核心技术也没有拿到。

　　中国铁路总公司下定决心：中国铁路运输市场，任何一辆车，任何一个配件，都不能分割，35家机车车辆厂和各地铁路局都是一家人。

　　"中国铁路总公司统一组织对外谈判，统一向企业下订单。面对攥紧的'拳头'，任何一个国际巨头要挤进中国市场，必须技术全面转让，必须本土化生产，必须打造中国品牌，必须价格合理。"目前，中国是世界上高速铁路系统技术最全、集成能力最强、运营里程最长、运行速度最高、在建规模最大的国家。

### 【思考题】

1. 什么是"团结协作、顾全大局"？为什么要坚持"团结协作、顾全大局"？
2. 如何正确处理铁路系统内部的协作关系？
3. 坚持"团结协作、顾全大局"的基本要求有哪些？

### 【活动】　　"同舟共济"养成团结协作、顾全大局的精神

1. 活动目的

通过游戏活动，感悟团结合作、顾全大局的要求，每个成员必须与团队的行动一

致，要有整体意识，服从团队需要，培养全局观念。

2. 活动实践

（1）利用课余时间组织游戏活动，将同学分成若干小组。

（2）各队各取一份报纸，要求将报纸铺在地上，报纸好比一条"船"，报纸以外的地方好比"海洋"。全体队员必须站在"船上"，任何队员掉进"海"里就算淹死。只要团队站满10秒钟，就算成功，以团队站的"船"最少为赢。

# 第六讲

# 注重质量　讲究信誉

以诚信赢得市场，以质量铸造品牌。

【问题聚焦】

"中国修建了世界上最大的高速铁路网，其影响远远超过铁路行业本身，也带来了城市发展模式的改变、旅游业的增长以及对区域经济增长的促进。"世行报告研究了高铁服务的经济效益。据估计，中国高铁网的投资回报率为8%，远高于中国和其他多数国家长期大型基础设施投资项目的资本机会成本。高铁带来的效益包括缩短出行时间，改善出行安全，促进劳动力流动和旅游业发展。随着部分旅客从汽车和飞机转向高铁，高铁网降低了运行成本，减少了交通事故，同时缓解了高速公路拥堵，减少了温室气体的排放。

2020年8月13日，中国国家铁路集团有限公司发布《新时代交通强国铁路先行规划纲要》。该纲要提出，到2035年，率先建成服务安全优质、保障坚强有力、实力国际领先的现代化铁路强国。全国铁路网达到20万千米左右，其中高铁7万千米左右。20万人口以上城市、资源富集区、货物主要集散地、主要港口及口岸实现铁路覆盖，其中50万人口以上城市高铁通达。智能高铁率先建成，智慧铁路加快实现。全国1、2、3小时高铁出行圈和全国1、2、3天快货物流圈全面形成。

高速铁路的发展是新中国成立以来的一场交通革命，以其快速、准时、密集、舒适和可接受的票价，密切了城市之间的商务往来和经济联系。高速铁路有力支撑保障了国家重大战略实施，加快了资源要素流动，提高了资源配置效率，极大促进了区域协调发展，依托高铁催生了通道经济和枢纽经济，成为区域经济发展的新引擎和推动高质量发展的新动能。

高速铁路在推动城市群成为新型城镇化发展的主体形态中，发挥了巨大作用，促进了产业结构升级，引导休闲旅游等消费结构转型，未来仍具有较好的市场发展空间。从高铁自身产业方向来看，高铁有极长的产业链条，涵盖了原材料、机械、电气设备、公用事业和运输服务等多个领域，在推动社会发展，构建智能化、数字化交通方面也将继续发挥极其重要的作用。

"到 2050 年，全面建成更高水平的现代化铁路强国，全面服务和保障社会主义现代化强国建设。铁路服务供给和经营发展、支撑保障和先行引领、安全水平和现代治理能力迈上更高水平；智慧化和绿色化水平、科技创新能力和产业链水平、国际竞争力和影响力保持领先，制度优势更加突出。"《新时代交通强国铁路先行规划纲要》描绘出未来发展的美好蓝图。

### 【思考园地】

中国高铁为什么能够走向世界？

### 【学习探究】

## 一、注重质量、讲究信誉的基本含义

注重质量、讲究信誉是铁路职工在职业活动中必须共同遵守的一条基本行为准则。

质量，通常是指产品、工作或服务的优劣程度。信誉是信用和名誉在职业活动中的统一。每一种职业活动都存在质量和信誉问题。在生产性行业存在着质量和信誉问题，在服务性行业也有质量和信誉问题。

注重质量、讲究信誉就是指在职业工作中，把提供优质服务和生产高质量的产品，维护企业信誉作为最重要的工作目标的作风和行为。一个职业工作者所生产的产品或提供的服务的优劣程度，不仅是业务问题，还是道德问题。铁路职业道德要求每个从业人员都要注重质量、讲究信誉。这是因为，铁路企业的每一项工作、每一个工程，都是由各个部门的员工相互合作共同完成的，任何一个环节出现了质量问题，都会影响全局。售票员卖错了票，广播员误报或漏报站名，列车员不能及时供应开水等，都会引起旅客对整个铁路企业的不满；列检员漏检一根车轴，信号员错发一次信号，巡道工少检一颗道钉，都可能酿成行车重大事故；设计人员一次勘察设计存在缺陷，施工单位一次偷工减料，监理人员一个项目漏检，都会给整个工程留下隐患。所以，作为铁路员工必须克服质量信誉与我无关的思想，树立"我即质量，我即信誉"的思想，在保证质量的前提下完成工作任务。

注重质量、讲究信誉是对国家、对人民负责的表现。在铁路运输生产过程中，整条铁路就像一架巨大的联动机，各铁路局、各站段、各工种成千上万人的作业必须互相衔接、紧密配合、准时有序地进行，才能顺利地完成铁路运输任务。任何一个环节出现了问题，或不讲质量，不讲信誉，都会给铁路运输生产造成巨大的损失。因此，铁路职工应该本着对国家、对人民负责的精神，注重质量、讲究信誉，积极工作，为国民经济的发展、人民的生产和建设和谐铁路做出应有的贡献。这既是铁路职工的分内之事，也是铁路职业道德的要求。

### 案例

2014 年 11 月 21 日 6 时 00 分，中铁六局北京铁建在天津北环线 K21+872 处进行框构桥顶进施工过程中发生路基坍塌，经抢修 10 时 15 分下行线开通，15 时 17 分上行线开通，构成铁路交通一般 D 类（D9）事故。

原因分析：中铁六局北京铁建框构桥顶进施工路基加固方案没有落实，路基下部注浆不符合施工图设计，框构内土体注浆加固不到位，顶进前降水不符合设计要求，箱体部位的土质含水量偏高，地基承载力不足，导致顶进开挖过程中开挖面土体突然坍塌是事故的主要原因。监理单位现场监理质量控制不到位，对施工单位的注浆不符合施工图要求、降水不达标的突出安全隐患没有进行及时有效控制，是造成事故的重要原因。天津铁路工程项目管理部对路外工程全过程管理职责落实不到位，没有按规定履行对施工单位和监理单位的监督管理职责。

定责：定中铁六局北京铁建主要责任，天津市路安电气化监理有限公司同等主要责任；追究天津工程项目管理部重要责任。

## 二、注重质量、讲究信誉的重要性

### 1. 注重质量、讲究信誉是市场经济的必然要求

在市场经济条件下，质量是企业的生命，铁路企业也不例外。党的十九大报告以来，我国经济已经明确了从高速度发展进入高质量发展转型时期。目前，各种运输方式竞争十分激烈，铁路、公路、航空都在争客流、争货源。在激烈的市场竞争中，铁路要保持优势地位，就要在质量上下功夫。只有质量上去了，安全搞好了，企业信誉高，旅客和货主信得过，铁路的生产目标才可能实现。反之，服务上不去，质量上不去，那么，随着经济的发展和竞争的加剧，必将使铁路运输业在市场竞争中处于不利的地位，损害国家、集体和广大铁路职工的利益。

### 2. 注重质量、讲究信誉是企业的无形资本

注重质量、讲究信誉可以为企业带来经济效益，成为企业的无形资本。质量是企业的生命，直接关系到社会主义建设事业的发展和人民的切身利益。质量差的产品，会直接损害消费者和国家的利益。在市场经济体制下，竞争越来越激烈，竞争的焦点越来越集中于企业诚信和企业产品、服务的质量。因此，企业的诚信和产品、服务的

质量问题越来越成为人们关注的焦点。一个企业要生存和发展下去，首先必须以诚实守信和产品、服务的质量取胜，以高质量的产品或服务树立在社会上的声誉。只有这样才能在激烈的竞争中立于不败之地。企业只有把注重质量、讲究信誉放在整个企业工作的第一位，把它作为企业的生命来抓，一丝不苟，精益求精，始终保持优质高效，才能取得用户的信赖，取得好的效益，促进企业的发展。

### 案例

中国首条高寒高铁运营 8 周年：安全运输为东北地区振兴注入动力。

　　2020 年 12 月 1 日，中国首条投入运营的高寒地区高速铁路——哈尔滨至大连高速铁路，迎来开通运营 8 周年的纪念日，该铁路运输安全持续稳定，为推动东北全面振兴注入了动力。

　　哈大高铁地处中国东北地区的高寒地带，纵贯黑龙江、吉林、辽宁三省，中国东北三省全年温差达 80℃，是中国最为寒冷、也是温差最大的地区之一，进入冬季风雪天气增多，给高铁行车带来极大挑战。

　　哈大高铁 2012 年正式开通运营，运营里程 921 千米，设计时速 350 千米，作为中国乃至世界第一条高寒高铁，在没有成形经验借鉴的情况下，经过多年自主探索创新，我国全面掌握了高寒高铁的运营和维护技术。

　　近年来，黑龙江省高铁网日益完善，省内多条高速铁路陆续开通运营，而哈大高铁无疑是纵贯南北的主轴。

　　从路网上看，哈大高铁向西衔接哈齐高铁，向北延伸至正在建设的哈伊高铁，向东与哈牡高铁、哈佳铁路和铺轨贯通的牡佳高铁形成快速铁路环线。

　　未来，黑龙江省境内将有 10 个地级市直达高铁。四通八达的高速铁路网，极大缩短了区域时空距离，方便了旅客出行，进一步推动沿线区域经济发展，为东北地区高质量发展按下"快进键"。

　　3. 注重质量、讲究信誉是每个从业者的职责和义务，是恪守职业道德的要求

　　诚信是每一个社会分子塑造健康人格的道德元素。做人是否诚实守信，是一个人

品德修养状况和人格高低的表现；做人是否诚实守信，是一个人能否赢得别人尊重和友善的重要前提条件之一；做人是否诚实守信，是当今企事业单位录用、衡量、评价、考核员工的重要标准和内容之一。

一个企业的信誉，产品、服务的质量与每个从事这项工作的从业人员直接相关。国家质监部门曾对造成不合格产品的直接原因进行分析，结果表明，属于企业生产条件不具备的只占20%~30%，而70%~80%属于企业的管理不严和不重视消费者利益的问题，也就是人的自身素质问题。企业的信誉、企业的产品或服务都是由具体的从业人员体现出来的，或经过若干道工序生产出来的，或是由服务人员来完成的。从业人员的职业道德水平、技术水平直接关系到本企业的信誉，关系到本企业信誉、产品和服务的质量。因此，每一个从事铁路职业工作的人员都应当自觉地去提高产品或服务的质量，都要以主人翁的态度关心本企业的信誉，自觉按照岗位规范要求进行生产和工作，开展优质服务，齐心塑造铁路的良好形象。

## 三、注重质量、讲究信誉的基本要求

### 1. 质量信誉为重

在社会主义市场经济体制下，铁路运输企业作为独立的经济实体，要在竞争中取胜，必须凭借优良的质量和良好的信誉。这就要求企业和每个从业人员必须树立质量信誉为重的观念。

树立质量信誉为重的观念，要求职业从业人员具有强烈的质量意识，自觉地把提供优质服务和生产高质量的产品作为首要的工作目标。

树立质量信誉为重的观念，要求职业从业人员正确地认识质量与信誉的关系。质量与信誉两者是密不可分的。有了质量，才能获得服务对象的信赖，企业才能兴旺发达；注重信誉，必然更加讲究质量，满足社会和人民的需要。

树立质量信誉为重的观念，要求职业从业人员认识到讲究质量是每个从业人员履行岗位责任的具体要求，要求每个从业人员都要有高度的责任心，一丝不苟的工作态度，具有创全优、高效服务的思想，要反对和谴责不讲质量、不负责的作风和行为。

党的十八大以来，我国铁路建设投资持续高位运行，我国已建成世界上最现代化的铁路网和最发达的高铁网。从独一无二的国家战略大通道京广高铁，到所经区域人口占全国四分之一的京沪高铁；从为全球热带海洋气候建设运营高铁提供范本的环岛高铁，到世界上一次性建成里程最长的兰新高铁；从83.3%路段处于桥梁上或隧道中的贵广高铁，到在中国铁路之端畅想冬奥冰雪世界的京张高铁……中国高铁的发展从无到有，路网越织越密，车次越开越多，不仅托举起了亿万人民对幸福美好新生活的向往，也凝聚着无数普普通通的劳动者的百倍努力、千倍艰辛、万倍执着，这是中国制度优势的生动写照。可以说，中国制度优势正在驱动"中国号"列车加大马力，向着中华民族伟大复兴的目标全速前进。为实现我国和谐铁路建设，铁路运输企业全体员工人人都要树立质量信誉为重的观念，讲究工作质量，注重企业信誉，要做到热情周到、诚心待客，急旅客、货主之所急，想旅客、货主之所想。因此，无论是乘务员、列车员、站务员，还是调度员、调车员、检车员、养路工、信号工，全体铁路干部职工都要围绕铁路运输安全生产，树立质量第一、信誉为重的观念，认真做好本职工作，促进铁路运输整体效益的提高。

**案例**

青藏铁路有这样一位"90后"火车司机，他身穿新式铁路制服，有着一双深邃的眼睛，外表白净帅气，笑起来憨厚可爱，他就是青藏铁路西宁机务段的机车乘务员——周兴福。作为一名火车司机，周兴福深知安全对于列车是头等大事，每趟车最重要的任务就是让旅客平安顺利地到达旅行目的地。所以在工作中，他时时刻刻把安全放在第一位，保证旅客安全放在最首位。2018年7月，他主动申请到西宁机务段管辖内艰苦的敦煌线担任指导司机，主要负责监督、指导机车司机平稳运行，遇到新手司机他也会亲自示范操作。敦煌线属于高寒、高海拔、无信号、气候环境恶劣的人迹罕见地区，敦煌线一共15个站点，全长600千米左右，要从高寒高海拔的青藏高原到寸草不生的戈壁滩，线路复杂多变，环境恶劣，昼夜温差大，四季风也比较大。然而，他监督自己更需要保持极强的责任心和过硬的业务能力。他每次出勤都需要7到10天，期间要来回跑三四趟线路，每一趟都要在只有三四个平方的火车司机室里工作12个小时。他一年四季风餐露宿，风雨无阻，不论白天黑夜，保证钢铁巨龙安全奔驰在大地上。

"在岗一分钟，奉献60秒。只要我身体健康，我就会继续坚持干下去。"周兴福说。

交通强国，铁路先行，不忘初心，砥砺前行，祖国壮丽七十年的发展史离不开中国铁路的迅猛发展，离不开中国铁路人的奋勇与担当！

2. 严守规程、诚实工作

注重质量、讲究信誉要求广大铁路职工必须做到严守规程、诚实工作。严守规程，就是要认真严格地遵守作业规程和劳动纪律。做到认真学习和掌握铁路的法律规章、规程和条例，执行规章制度、作业规程要一点也不差，差一点也不行。诚实工作，就是要自觉履行岗位职责，严格按照有关标准操作。做到一举一动不马虎，一丝一毫不凑合，一分一秒不疏忽；说标准话，上标准岗，干标准活，交标准班，保证运输生产安全顺利进行，保证铁路运输畅通。

戴高才是重庆车辆段检修车间轮轴纽一名普普通通的检车员。戴高才在轮对检测的工作岗位上干了 30 多个春秋。戴师傅每天的工作就是"查轮对的户口"，看车、抄车号。据了解，戴师傅在这个平凡而特殊的岗位上，从没有因为疏忽大意而发生一起责任事故。他的秘诀，一是坚持以部颁标准检测轮对；二是他敢于说真话，原则问题寸步不让。他热爱本职工作几十年如一日，痴心不改。无论刮风下雨、天寒酷暑，都能在堆积如山的轮对中见到他耳朵上夹着粉笔，腋下夹着记录本，左手提着小油漆桶，右手拿着测量轮径的量具，汗流浃背、忙忙碌碌的身影。每当送段修的车辆或运用换修的轮对送入检修线路后，他就亲临检修寺用线车场，爬高钻低，近距离观察轮对，了解每条轮对的具体情况，例如是否做过段修、什么厂做的、是否盘型制动、是否防松螺丝，这些情况都一字不漏地被记录在随身携带的工作笔记本上，他将所有的数据反复检查，确认无误后，一颗心才放下。戴师傅常挂在嘴边的一句话是："一切按规章办事！"铿锵的话语，让晚辈们对这位老职工的敬佩之情油然而生。

与戴高才师傅"一切按规章办事"的精神形成鲜明对比的是，在现实生活中，有部分职工思想松懈，业务能力不强，工作中不守规程，干活马马虎虎，最后酿成了惨痛的教训。

2019 年 7 月 2 日，北京局衡水工务段在京九线下行 K245+870m 处进行线路外观整理作业的班长在上行车通过后，没有确认下行线有无来车，没有与防护员进行呼唤应答，也没有得到现场防护员准许上道作业的通知，擅自携带工具盲目上道，侵入下行限界，被下行通过的列车刮碰致死。

上述正反两方面的事例表明，铁路工作人员必须严守规程，诚实工作。

3. 提高技能、精心操作

注重质量、讲究信誉要求铁路职工做到提高技能、精心操作。提高技能就是要求从业人员努力钻研所从事的专业，孜孜不倦、锲而不舍，不断提高职业技能。一个人只有掌握了所从事职业必需的技能，才能在社会上立足，才能为人民服务。精心操作主要是指在工作中忠实履行岗位职责，一丝不苟，做到精益求精。

提高技能、精心操作不仅关系到个人能力大小、知识水平高低，也涉及道德问题。为什么呢？这是因为，一方面，掌握良好的专业技能，提高业务能力，是每个劳动者对社会应尽的道德义务，个人对专业技术能否钻研以及钻研的程度，也反映他的职业水平。职业技能是为人民服务的基本手段，如果缺少了一定的技能，不懂业务知识，往往还会出现好心办坏事的情况，严重的还会给国家和人民造成惨重的损失。另一方面，如何操作、如何运用职业技能，直接关系到服务质量，关系到人民群众的生命财产安全。每一个职业劳动者只有努力提高自己的职业技能，在职业工作中做到精心操作，才能保证自己的生产、服务质量。

如何才能做到提高技能、精心操作呢？

首先，提高技能、精心操作必须要有勤学好问、刻苦钻研的精神。任何科学知识和专业技术都是劳动人民智慧的结晶，都是劳动人民经验的总结。随着社会的发展，这些知识和技术也在不断加深和拓宽。只有勤学好问，多思勤问，刻苦钻研，才能把知识和技术弄懂学透，只有不断向有技术专长、经验丰富的人学习，才能不断提高自己的业务水平。

其次，提高技能、精心操作必须重视技能训练，按规范操作，在实践中提高自己的专业技能。专业技能的掌握，一方面应该认真学习专业技术理论知识，熟悉操作规范；另一方面，必须加强专业技能的训练，做到熟练按规范作业。如何把学到的专业理论知识、具体的操作规范转化为技能技巧，关键在于理论联系实际，在实践中不断提高专业技能。

最后，提高技能、精心操作必须勤学苦练，精益求精，不断攀登技术高峰。当今时代，正是科技高度发展的时代。目前，大量新技术在铁路中的应用，带来了新技术、新装备，要求每一个铁路员工努力学习新知识、掌握新技能。专业技能的学习和掌握不是一劳永逸的，铁路职工应当不断学习钻研，不断地提高，努力用现代科学技术武装自己，才能跟上科技发展的需要。否则，就谈不上是合格的劳动者。停止则意味着退步，将被时代所淘汰。

### 4. 改革创新、开拓进取

随着国民经济的发展和人民生活水平的提高，人们对运输服务质量的要求越来越高。铁路要改革创新、开拓进取，提升客货运的服务质量，建立中国铁路良好的信誉；铁路要改革创新、开拓进取，提供安全快捷的运输、方便舒适的环境、热情周到的服务以满足广大旅客货主的需要。铁路员工要创品牌、争一流，诚心待客、热情服务；要在工作中不断挖掘旅客、货主多方面的需求，不断创新自己的服务，增强服务特色，以"真诚、优质、创新"感动旅客和货主，使旅客和货主真切感受到"人民铁路为人民"的铁路品牌服务。

**案例**

提起李东晓，人们对他也许并不陌生。在铁路部门，大家都亲切地称他为"中国一号"司机，称他是"动车骄子"。他获得这些称号源自他的速度，更源自他的品格。42岁的李东晓也算是一名"老"火车司机了，他驾驶过十几种型号的机车，见证了我国铁路的大发展，获得过铁路系统的最高荣誉"火车头奖章"；作为一名动车司机，他从头开始，勤学苦练，以他精益求精的钻劲，短时间内掌握CRH3型动车组驾驶技术，在京津城际铁路上超越"风时速"，曾创造中国铁路多项第一。

当中国高铁事业在华夏大地上崛起时，有关管理、安全、运行和操纵的规章制度都是一张白纸。李东晓深知，他和同事们的实际操作经验是前所未有的，是能填补中国高铁历史空白的。在筹备开通京津铁路最艰苦的时候，从北京南站到天津站，每一处道岔、弯道、信号、站口、风口等，李东晓和同事们都徒步丈量、测算，然后通过试验找出最佳优化操纵数据。在联调联试中，李东晓收集和整理了所有易发故障信息，然后分别设置代码，列出排除故障的应急措施办法。他还首创建立"动车组运行质量信息台"，为司机处理故障提供信息积累和支持。实践出真知，在集中集体智慧和经验的基础上，李东晓和同事先后编写出京津城际铁路《动车组1800秒操作法》《动车组故障应急处理手册》等一系列高速列车操纵法，在全国高铁线上普遍推广。在铁路人眼里，李东晓不仅是"提速先锋"，更是"创新先锋"。

作为200多万铁路职工的普通一员，他参加铁路工作以来，自觉地将人生目标与事业追求结合起来，刻苦钻研，勤奋苦练，精益求精，奋勇争先，从一名普通火车司机成长为高铁动车组司机，驾驶"和谐号"动车组创造出"中国铁路第一速"，成为北京机务段的一张名片。

## 【思考题】

1. 我们怎样才能做到注重质量，讲究信誉？
2. 注重质量，讲究信誉的重要意义是什么？

## 【活动】 个人信誉大比拼

1. 活动目的

试着进行一次个人信誉评比，培养诚实守信的意识。

2. 活动实施

（1）开展一项信誉评比活动，通过自评和他评的方式，交流感受，体验效果。
（2）积极参加并完成学校组织的各项活动，努力完成自己的任务，并力争帮助他人。

# 第七讲

## 艰苦奋斗　勇于奉献

艰苦奋斗源于中华民族勤奋节俭、刻苦耐劳、自强不息的美德。

### 【问题聚焦】

从疏勒河到阿拉山口，从吐鲁番到喀什，南疆铁路、兰新铁路、亚欧大路桥，连接着天山南北、祖国东西部和亚欧大陆的生命线，在西北边陲的城镇、乡村、荒漠和戈壁间伸展。四十多年来，乌鲁木齐铁路局几代人在风沙肆虐、自然条件极为恶劣的千里铁道线上以血肉之躯托举着这条生命线的同时，也创建了一个个丰富而多彩的精神世界。

乌鲁木齐铁路局所辖的 3 000 多千米路段，横跨甘肃和新疆，贯通天山南北，全线有 80%的站区处于戈壁荒漠、风区风库、冰山达坂和盐碱沼泽地带。

在铁路沿线，有著名的"百里风区""三十里风口"，这里风口的最大风力达 12 级以上，每年有 120 天左右刮 8 级以上的大风，当地栽种的杨柳都顺着风向歪斜生长。而南疆铁路翻越的天山冰达坂，海拔 3 000 米，空气稀薄，长年封冻，职工一年四季穿棉衣，屋里得烧炉子，没有高压锅，连鸡蛋都没法煮熟。"天上无飞鸟，地上不长草。荒凉戈壁滩，风吹石头跑。"但凡坐过火车去过新疆的人，都对沿线的艰苦环境和在那里默默奉献的铁路职工留下了深刻的印象。

就是在这样的条件下，来自全国各地的第一代铁路职工带着创业者的豪迈和与自然抗争的悲壮来到了这方土地。他们中，有年轻时自愿申请从乌鲁木齐来到"百里风区"当站长，一干就是25年的全国"五一劳动奖章"获得者马锡纯；有将全段有名的"老大难"路段治理成全局优质线路的红台养路工区的工长张德昌；还有创造了安全行车65万千米纪录的我国第一代女火车司机沈新莉。

第一代创业者对铁路的痴情不改，有许多老职工临终前留下遗愿：把自己埋在几十年日日夜夜修建过、养护过、守卫过的兰新铁路旁，好让自己在九泉之下听到火车汽笛的长鸣声。

如今，开拓者们与恶劣自然环境的顽强抗争凝成的以艰苦创业、无私奉献为核心的"乌铁人"精神，成为宝贵的精神资产，激励着新一代乌铁人不断创造新的业绩。

## 【思考园地】

1. 为什么说艰苦奋斗是"铁路人"的光荣传统？
2. 如何理解人生的价值在于奉献？

## 【学习探究】

## 一、艰苦奋斗、勇于奉献的基本含义

"人类的美好理想，都不可能唾手可得，都离不开筚路蓝缕、手胼足胝的艰苦奋斗。"

艰苦奋斗，就是一种不怕艰难困苦，奋发图强，艰苦创业，为国家和人民的利益乐于奉献的英勇顽强的斗争精神。从本质上说，艰苦奋斗是一种不畏艰难、顽强拼搏、开拓进取、勇于献身的革命精神，是一种崇俭、求真、务实的人生态度，也是一种勇于开拓进取的有理性的自觉原则。

勇于奉献，就是要求作业人员在自己的工作岗位上树立奉献社会的职业精神，并通过兢兢业业的工作，自觉为社会和他人做贡献。这是一种无私忘我的精神，是职业道德的出发点和归宿，是每个从业者职业道德修养的最终目标。

艰苦奋斗是中华民族的传统美德，是中国共产党的政治本色。

艰苦奋斗源于中华民族勤奋节俭、刻苦耐劳、自强不息的美德。一个民族和国家以艰苦奋斗为风尚，奋发图强，可以众志成城，成就辉煌。从勾践的"卧薪尝胆"到司马迁遭宫刑投狱后《史记》的大功告成，从井冈山到瑞金、经过长征、十四年艰苦卓绝的抗战、三年的解放战争、最终新中国的诞生，都是中华民族艰苦奋斗的体现。我们只有继承和发扬艰苦奋斗的优良传统，埋头苦干，奋发图强，才能适应社会主义建设的需要。

勇于奉献是职业道德的最高境界，同时也是做人的最高境界。

勇于奉献是社会主义职业道德最高层次的要求，体现了社会主义职业道德的最高目标指向。职业行为既是人们谋生的手段，又是实现人生精神意义的途径。勇于奉献就是人们从事职业活动中体现出来的精神追求。只要我们每个职业劳动者正确理解了工作的意义，就会在职业行为中找到奉献社会的乐趣，为社会、为他人做出力所能及的奉献。

中国古人对如何做人、如何奉献有着丰富的论述，大体可以分为三个层次：一是居其位尽其职，即通过干好本职工作来奉献；二是爱国不顾身，即一心一意投身于国家事务中去；三是舍生取义，即为了正义而勇于献身。在中华民族的历史上，有无数为国家和民族利益而奉献的人物，他们是中华民族的脊梁。正是有了他们，中华民族才屹立于世界民族之林。一个人不论从事什么行业的工作，因为不论在什么岗位，都应该做到奉献社会。

艰苦奋斗、勇于奉献是铁路工作的现实需要，是人民铁路的传家宝。

人民铁路的发展史，就是一部艰苦奋斗的创业史。从新中国成立前铁路寥寥无几到今天我国铁路网的基本形成；从20世纪五六十年代的"西南大战"到八九十年代"北战大秦、南攻衡广、中取华东""京九大战""南昆大战"，直到今天的青藏铁路建设、铁路第六次大面积提速，无一不饱含着艰苦奋斗、勇于奉献的精神。

铁路运输具有点多线长，流动分散，全天候露天作业的工作特点。我国铁路遍布全国，线路长，跨度大，有相当数量的铁路职工要长年累月的在环境异常艰苦的地方工作和生活；铁路工作任务重，责任大，时间紧凑，各方面要求高，铁路职工必须付出超常的劳动来满足旅客和货主的运输要求；在铁路运输过程中，行车事故、自然灾害随时可能发生，铁路职工必须招之即来、来之能战、战之能胜。确保铁路运输的畅通，要求铁路职工必须不怕艰难险阻，在艰苦的工作环境中，在急、难、险、重的任务面前，在改革发展中知难而进，吃苦耐劳。

**案例**

"解放军打到哪里，铁路就修到哪里，火车就开到哪里"的响亮口号诞生于硝烟弥漫的解放战争年代。广大铁路职工和铁道兵指战员胸怀祖国、服从大局，抛洒热血、奉献青春，筑起了一条条钢铁动脉，为解放战争提供了坚强的运输保障。在铁路发展的进程中，这一豪迈誓言引领着一代又一代铁路人前仆后继、无私奉献，努力为国民经济发展做贡献。

1947年，随着解放战争的全面推进，由于设备落后、零件奇缺，许多铁路桥梁遭到严重毁坏，铁路运输能力不足问题越来越突出。为保障解放战争期间大兵团作战的部队调动、粮弹补给和重型装备运送，铁路人义无反顾地投身线路抢修。从哈尔滨到沈阳，从关外到关内，再到华中、华东，全国大部分铁路陆续被收回和修复，铁路职工自豪地说："解放军打到哪里，铁路就修到哪里，火车就开到哪里"。到 1948 年底，东北铁路的通车里程已达 9 619 千米，关内已被接管的铁路通车里程已达 3 049 千米，解放区已拥有全国 60% 以上的铁路（不含台湾铁路），不仅直接支援了平津、淮海两大战役和随之而来的解放全中国战争，而且为全面接管中国铁路及推动后续发展打下了坚实基础。

1949 年 1 月 28 日，中国人民革命军事委员会铁道部在石家庄召开第一次铁路工作会议，确定把"解放军打到哪里，铁路就修到哪里，火车就开到哪里"作为铁路人的行动口号，号召广大铁路职工大力支援人民解放战争夺取最后胜利，解放全国铁路。

在"解放军打到哪里，铁路就修到哪里，火车就开到哪里"口号的鼓舞下，抗美援朝战争期间，广大铁路职工坚决响应"抗美援朝、保家卫国"号召，先后有 21 952 名职工成为中国人民志愿军铁路运输部队的一员。面对帝国主义的狂轰滥炸，铁路人视死如归、前赴后继，用血肉之躯筑起了一条条"打不垮、炸不烂的钢铁运输线"，创造了现代战争军事运输奇迹，立下了不朽功勋。

此后，在不同的历史时期，"解放军打到哪里，铁路就修到哪里，火车就开到哪里"作为中国铁路爱国精神的集中体现口口相传、代代绵延，为铁路人助力国家富强、民族振兴、人民幸福提供着不竭动力。

"解放军打到哪里，铁路就修到哪里，火车就开到哪里"体现了铁路人顽强拼搏、不怕牺牲的战斗气节。为了抢修彰武通往锦州的铁路，指战员们一边排雷一边跳到冰冷刺骨的河里打捞钢轨，冻得牙都咯咯响也决不退缩；抢修津浦铁路南段淮河大桥时，恰遇洪水肆虐，指战员争着跳入水中，舍生忘死稳住木制桥墩，使中断多年的津浦铁路恢复全线通车。这些铁路职工和指战员们以顽强拼搏的意志和血肉之躯支撑着大动脉畅通无阻，正是铁路人奋不顾身、为国捐躯精神的集中体现。

"解放军打到哪里，铁路就修到哪里，火车就开到哪里"体现了铁路人艰苦奋斗、自强不息的优良作风。铁路职工为使抢修工作跟上解放军进军步伐，艰苦奋斗，任劳任怨，创造了很多人间奇迹。一旦任务下达，他们就扛起背包、高粱米登上列车，吃住在车上，轮班值乘，夜以继日。由于当时物资匮乏，没有煤烧锅炉，他们就拿黄豆稞、劈柴来烧火；没有轮轴润滑剂，就用肥皂来代替；擦车材料不够用，就把家里的衣服和被单献出来，为前线提供了源源不断的物资，彰显了战天斗地、艰苦奋斗的作风。

## 二、艰苦奋斗、勇于奉献的重要性

1. 艰苦奋斗、勇于奉献是继承人民铁路光荣传统的需要，是鼓舞铁路职工
   斗志的精神力量

我国国土面积辽阔，自然条件差异大，相当多的铁路工作者要远离繁华的都市，分散在各地，承担着繁重辛苦的工作。我国还处在社会主义初级阶段，生产力还不发达，铁路同发达国家相比，还处于相对落后的状态。在市场经济体制下，铁路焕发出了强大的生机与活力，但与其他行业相比，仍存在许多不足和差距。在新形势和条件下，铁路事业是充满艰辛与创造的伟大事业。在这样的条件下，弘扬艰苦奋斗、勇于奉献的精神，可以催人奋进，给人以勇敢、智慧和力量；坚持艰苦奋斗、勇于奉献的精神，就要耐得住清贫，扛得住诱惑，保得住廉洁，经得住考验；有了艰苦奋斗、勇于奉献的精神，就能不计较个人利益得失，乐于奉献社会，就能战胜一切困难，完成党和人民赋予我们的任务和使命。

2. 艰苦奋斗、勇于奉献是建设和谐铁路的需要，是党和人民的殷切希望和要求

目前，我国铁路正处于黄金机遇期，发展形势好。我国社会经济持续快速发展，党中央和各级政府对铁路改革和加快铁路发展给予了大力支持。铁路发展已经进入新时期，发达完善的铁路网建设正在又好又快向前推进，铁路技术装备现代化实现了重大跨越，铁路经营业绩不断创造历史新水平，铁路管理体制实现了重大突破。

建设和谐铁路，使命光荣，任务艰巨。使命光荣是指实现中国铁路振兴和腾飞的历史重任，责无旁贷地落在了我们这一代人的肩上。任务艰巨主要表现在：我们肩负的责任十分重大；铁路改革发展中的许多重点工作都处在由量的积累到质的跃升的关键阶段，难度很大；建设发达完善铁路网的任务非常艰巨；实现技术装备现代化更需加倍努力；推进铁路集约化经营任重而道远。光荣的使命，艰巨的任务要求铁路职工牢记人民铁路为人民的宗旨，发扬艰苦奋斗，勇于奉献的精神，勇于攻坚克难，迎接挑战，实现新的突破。

3. 艰苦奋斗、勇于奉献是中国特色社会主义事业的要求

艰苦奋斗、勇于奉献，其主旨在于奋斗，其价值在于为事业而奉献。艰苦奋斗、勇于奉献，绝不是一时的权宜之计。今天，在我们全面建设小康社会、加快推进社会主义现代化之时，同样需要艰苦奋斗、奉献社会。物质生活条件改善了，社会环境变化了，只是赋予了艰苦奋斗、勇于奉献新的时代内涵和实践要求，但艰苦奋斗、勇于奉献的精神永远不会过时。艰苦奋斗、勇于奉献始终是激励我们为实现国家富强、民族振兴而共同奋斗的强大精神力量。

青藏铁路是世界上海拔最高、线路最长的高原铁路，沿线高寒缺氧，地质复杂，冻土广布，工程十分艰巨。修建这样一条铁路，不仅是对我国综合实力和科技实力的检验，也是对人类自身极限的挑战。青藏铁路开工建设以来，1 800 多个日日夜夜，五度炎夏寒冬，十多万建设大军在"生命禁区"冒严寒，顶风雪，战缺氧，斗冻土，以惊人的毅力和勇气，挑战极限，战胜各种难以想象的困难，谱写了人类铁路建设史上的光辉篇章，在雪域高原上筑起了中国铁路建设新的丰碑，也铸就了挑战极限、勇创一流的青藏铁路精神。

挑战极限，就是广大建设者以不畏艰险的英雄气概和求真务实的科学态度，克服许多常人难以想象的艰难困苦，在"生命禁区"挑战生理心理极限，攻克"多年冻土、高寒缺氧、生态脆弱"三大世界性难题。

勇创一流，就是广大建设者以敢于超越前人的大智大勇，开拓创新，制定一流工作标准，实施一流工程管理，创造一流施工质量，采用一流技术装备，培养一流建设队伍，建设世界一流高原铁路。

青藏铁路精神是青藏铁路建设伟大实践孕育的伟大精神，充分展现了全体建设者的崇高思想境界，具有深刻的内涵。

## 三、艰苦奋斗、勇于奉献的基本要求

### 1. 树立艰苦奋斗、勇于奉献的观念

铁路工作的特点和人民铁路的优良传统，决定了我们必须树立艰苦奋斗、奉献社会的观念。树立艰苦奋斗、奉献社会的观念有利于铁路职工确立正确的劳动态度，正确处理奉献与索取的关系，有利于铁路职工坚持革命乐观主义精神和大无畏的英雄气概，为铁路职工奋发向上、战胜困难提供精神支柱。

在新的历史条件下，如何才能树立起艰苦奋斗、勇于奉献的观念呢？

第一，我们必须认识到艰苦奋斗、勇于奉献是劳动者的本色和崇高的精神境界。劳动者在改造自然和社会的过程中，从来都需要付出巨大的体力和脑力消耗，有时甚至会做出巨大的牺牲。只有不畏艰险，艰苦奋斗，勇于奉献，我们才能蓬勃向上，健康发展；否则必然走向衰落。

第二，我们必须认识到艰苦奋斗、勇于奉献是铁路的政治优势。铁路是中国工人阶级最集中的产业之一，铁路职工是一支特别能战斗的队伍，艰苦奋斗、勇于奉献是铁路政治优势中十分重要的一环。

第三，我们必须认识和理解艰苦奋斗、勇于奉献的时代内容。与过去相比，铁路基础设施、技术装备、职工的生活条件都有了很大的改善，但是我们依然要艰苦奋斗、勇于奉献。新时期的艰苦奋斗、勇于奉献是顽强拼搏精神与实事求是态度的有机结合，是开拓进取精神与倡俭崇实作风的有机结合，是奉献精神与效益观念的有机结合。

### 案例

"吃饭大喘气，走路小心点"，中铁四局青藏铁路职工指挥部食堂门边张贴着这样一副对联。在青藏线，吃饭都会感到累，一口饭有时要喘几口气才能咽下去。高原缺氧，导致人们食欲不振，身体机能下降。在唐古拉山腹地，中铁十六局集团五公司机械队职工刚上高原，面对丰盛的菜肴，根本吃不下。机械队党支部为此专门开会研究，号召党员在吃饭方面起模范带头作用。他们提出了"共产党员带头吃饭"的口号，党员们强迫自己多吃点，这样就会刺激其他工人的胃口。

青藏线职工有这样一句顺口溜：天大地大不如反应大，爹亲娘亲不如氧气亲。氧气，直接关系到建设者的生命健康，也直接关系到生产力。中铁二十局集团承建的青藏铁路第七标段全长 36.02 千米，是青藏铁路最艰苦的标段之一，其中风火山隧道轨面海拔高度 4 905 米，是目前世界上海拔最高的隧道。风火山隧道，坐落在海拔 5 010 米的风火山上，这里年平均气温只有零下 7℃，极端最低气温是零下 41 度，氧含量不到内地的一半，比人类生存的最低极限还低，是公认的"生命禁区"。工人们最初配备的背负式氧气瓶，虽能在一定程度上缓解缺氧。但背负沉重氧气瓶，工作效率大打折扣，而且氧气瓶的供氧量也很有限。中铁二十局集团公司青藏指挥部指挥长况成明查阅了大量技术资料，并调集几十名科技工作者和专家，昼夜加班加点，经过 200 余次试验，终于研制出并建成了 3 座大型高原制氧站！在隧道内实现了 24 小时弥漫式供氧，相当于把海拔高度降低了 1 000 米，成功地解决了施工和生活缺氧问题，填补了世界高海拔制氧供氧技术空白。

## 2. 养成勤俭节约的工作作风

勤俭节约是中华民族的传统美德。三国时期的诸葛亮说："静以修身，俭以养德。"毛泽东说："浪费是极大的犯罪。"这些我们耳熟能详的名句，昭示出中华民族的传统美德。中国共产党历来倡导"勤俭节约，艰苦奋斗"。正是靠着这种精神，党才能披荆斩棘，从胜利走向新的胜利。反之，素以能征善战著称的清代"八旗兵"，短短几十年挥师入关，建立了中国历史上最后一个强盛的封建国家，但他们逐渐沉溺于轻歌曼舞、锦衣玉食之中，最终昏聩腐朽，丧权辱国。历史和现实都告诉我们，没有勤俭节约、艰苦奋斗精神作支撑，国家难以繁荣昌盛、社会难以长治久安、民族难以自立自强。同样，没有勤俭节约、艰苦奋斗精神作支撑，企业和个人都难以发展。

勤劳与节俭是相辅相成的。勤劳是指财富的创造和积累，节俭是指对财富的爱惜和尊重。没有节俭，辛勤劳动只能是徒劳。"成由勤俭败由奢"这一简单的道理被许多人淡忘了。

### 案例

> 2020 年 9 月 16 日，在兰州开往北京的 Z130 次列车上，离发车时间还有 1 个多小时，列车长赵晓亮接到了餐车厨师孙建刚的电话，孙建刚说："赵车长，麻烦给我查一下本趟车的客流，我好盯控上餐料呀。"赵晓亮立刻登录客运手持作业终端，查阅客流，将上车人数告知孙建刚。孙建刚根据上车人数，再结合本月的客流变化，按需上餐料。据孙建刚介绍，通过把好进料关，从源头上就可以控制列车餐饮的浪费。开车后，孙建刚提前到车厢做一次宣传，先订后做："通过旅客提前预订，精准下料、限量定制，浪费现象大大减少。"
>
> 餐车长程景侠在餐车点餐时，主动向前走一步，从以前的旅客点什么菜就下什么单，变为现在习惯性进行"多一点询问、多一点建议、多一点提醒，少一点浪费"的"流程管理"。当看到一些年轻旅客不考虑是否能吃完就点一大堆饭菜的时候，她会主动提醒他们适度点餐，还会根据人数为他们建议菜品。程景侠说："以前旅客点菜时，如果有 6 个人就会点 7 个菜，总是比人数多一个，现在我们在旅客就餐时会提醒旅客不够吃了再加，有效地避免了浪费。"
>
> 中午，餐车即将开列车乘务员工作餐，赵晓亮统计完员工用餐人数，统一上报给餐车，孙建刚根据上报人数适量准备食材，并根据 4 人的分量精心装盘。开饭时，大家按照每 4 人为一桌"拼桌"就餐，主动男女搭配，不够"拼"成一桌的乘务员或者落单的乘务员，则拿着饭盒去找餐车长，按照自己的喜好、口味"量身定制"一碗盖浇饭，既好吃也不浪费。"拼一桌""盖浇饭走起"成为列车乘务员圈内的流行语。

勤俭节约，要从我做起，不管是大企业也好，小企业也罢，都要培养职工群众的节约意识，形成以勤俭节约为荣、以铺张浪费为耻的企业文化，抛弃"家大业大，浪费一点儿无所谓"的思想。

千里之堤，溃于蚁穴，一点一滴的浪费不算什么，但它就像"蚁穴"一样侵蚀着坚固的根基！"焚薪断炊"式发展模式下的企业是不能长久的，发展才是硬道理。创新是发展的动力，每个人都应该献计献策，围绕生产和管理的薄弱环节，进行技术革新和技术改造，全面落实科学发展观，大力发展循环经济，建设节约型企业。

节约，是大家共同的责任，特别是铁路这样的大型国企更应当在节能降耗方面做好表率，从小事做起，修旧利废、改革创新，立足自身岗位节水、节电、节材，都是对创建节约型单位的具体行动；随手关灯、拧紧水龙头、选购节能型家用电器等，都是对建设节约型社会的积极参与。

### 3. 弘扬艰苦奋斗、勇于奉献的精神

建设和谐铁路是一项充满艰辛、充满创造的壮丽事业。伟大的事业需要崇高的精神，崇高的精神支撑和推动着伟大的事业。我们必须在铁路职工中大力弘扬艰苦奋斗、勇于奉献的精神。弘扬艰苦奋斗、勇于奉献的精神，并不是为了吃苦而去吃苦，而是为了创造；为了锻炼意志，增长才干；为了祖国的发展、人民的幸福和社会的进步。即使将来生活更富裕了，物质条件更优越了，同样要发扬艰苦奋斗、勇于奉献的精神。害怕艰苦、拒绝责任、逃避困难等于在放弃锤炼意志品质、提升人生价值的机遇。我们要牢记为人民服务的宗旨，在工作实践中，认真、扎实，尊重科学，力求实效，以艰苦奋斗的实际行动，为建设和谐铁路做出贡献。

**案例**

北京市延庆区，长城脚下，青山环抱中的青龙桥站矗立着詹天佑先生的铜像，保留着京张铁路使用过的旧钢轨，存放着写有苏州码子的老路标，演绎着一段百年京张的动人故事。

时速 350 千米智能型复兴号动车组列车一路向前，向着燕山山脉飞驰。京张高铁从地下 102 米深处穿过八达岭，与京张铁路在青龙桥站"交会"。38 年前，就是在这里，现任中国铁路北京局集团有限公司通州车务段青龙桥站站长杨存信从父亲手中接过了守护青龙桥站的接力棒。加上父亲在这里工作的 31 年，杨家两代人已守护这座百年老站 69 年了。现在，杨存信每天都能感受到复兴号动车组列车从脚下穿过的速度，看到这座百年老站发生的新变化。

杨存信，中共党员，1982年入路工作，现任中国铁路北京局集团有限公司通州车务段青龙桥站站长，曾获"北京局集团公司优秀共产党员""先进工作者"等荣誉，2016年被北京市委宣传部评为"党在百姓心中"优秀百姓宣讲员，被延庆区委评为"金牌百姓宣讲员"。

　　"这条铁路的修建让我们中国人能够挺直腰板。"杨存信和父亲两代铁路人接续奋斗，把"扎根青龙桥，奉献京张线"当作人生信条，69年如一日用心守护着这座百年老站，用实际行动践行着铁路人的初心和使命。接过父亲的接力棒，杨存信扎根大山、扎根小站。38年来，无论严寒酷暑，无论风吹雨打，杨存信"眼看手指口呼"的标准动作从未打过折扣。他一直把确保眼前这条铁路的安全畅通当成人生的头等大事。伟大出自平凡。把每一项平凡的工作做好，就是不平凡。正是千千万万普通人勇于奋斗、拼搏圆梦的精神，汇聚成了逐梦新时代的磅礴伟力。

## 4. 努力学习、开拓创新

　　创新是指人们为了发展的需要，运用已知的信息，不断突破常规，发现或产生某种新颖、独特的有社会价值或个人价值的新事物、新思想的活动。创新是一个民族进步的灵魂，是国家兴旺发达的不竭动力。如果自主创新能力上不去，一味靠技术引进就永远难以摆脱技术落后的局面。一个没有创新力的民族，难以自立于世界民族之林。

　　没有创新就没有发展，未来企业的竞争是创新和速度之争。企业只有创新才能赢得生机与活力，创新是企业竞争取胜的法宝。大凡好企业，都是能与时俱进、开拓创新的企业。而企业走向衰败的根本原因就是不能创新。21世纪的竞争，实质是知识创新和技术创新的竞争，归根到底是具有创新意识和创新能力的高素质人才的竞争。我们任何一个人，从事任何一种职业，都不能缺少这种创新能力。

**案例**

　　陈志强，中国通号研究设计院集团安全控制技术研究院总工程师，2006年参加工作，曾获茅以升铁道工程师奖、中国铁道学会科技奖特等奖、中国专利优秀奖、中国通号集团科学技术奖特等奖等多项荣誉。

　　按时自动开车、区间自动运行、到站自动停车、停车自动开门……奔驰在北京和张家口之间的高铁列车不仅速度惊人，而且拥有实现自动驾驶的"智慧大脑"。高铁列车能够自动运行，离不开众多研发人员的默默付出。中国通号研究设计院集团安全控制技术研究院总工程师陈志强就是其中之一。

列车控制技术被称为高铁列车的"大脑"和"中枢神经"。要控制高铁列车发车停车、运行区段、时速等，都离不开列控技术。十几年来，从瑞典学习到国内实践再到研发产品打入国际市场，从C2到C3再到C3+ATO，陈志强和研究团队砥砺前行，推动中国高铁列控技术在十几年内实现了从无到有、从有到强的精彩蝶变。

干一行就钻一行，追求卓越的工匠精神是陈志强研发高铁列控系统的制胜法宝。不同时速、不同型号、不同运行场景……陈志强需要考虑高铁运行的方方面面，能够成功靠的就是对系统的精心调试、对品质的精益求精。"不放过一厘米的误差"，他始终笃信，专业就是做到极致、追求最佳。

十几年里，陈志强参与了中国高铁列控系统从无到有、从有到强和引进消化吸收再创新的全过程。一路走来，他始终紧盯目标、心无杂念，不畏难、不动摇、不言弃，就是为了打造具有中国基因的"列控利器"。

"我只是一名普通的科研人员，取得的成绩都是团队努力的结果。"陈志强总是谦逊低调，但提到列控系统却充满信心。他出门坐高铁有个习惯，就是先看看列车编号，通过编号就能知道车上装载的是不是自己研发的系统。上车后，他喜欢感受列控系统带来的乘车舒适感。舒适，是他最大的目标，也是他自信的底气。

## 资料卡片

2019年，我国完成交通固定资产投资32 451亿元，北京大兴国际机场、京张高铁等世界级工程投入运营。截至2019年底，铁路通车总里程13.9万千米，其中高速铁路达3.5万千米。预计到2020年底，全国铁路营业总里程将达14.6万千米，覆盖约99%的20万人口及以上城市。其中，高铁（含城际铁路）大约3.9万千米，继续领跑世界。中国高铁它所蕴含的制度优势、艰苦奋斗、自主创新和高铁人的奉献精神，正是这些让中国人在短短的时间内创造了高铁的奇迹。

高铁的营业里程，一次次再刷新、再加速，截至2019年底，铁路通车总里程13.9万千米，其中高速铁路达3.5万千米，高铁营业总里程居世界第一位，离不开中国对于高铁建设的重视及铁路部门的不懈努力，中国高铁发展日新月异，让我们惊叹不已。

交通强国是建设现代化经济体系的先行领域，稳健拓展的铁路网，解决了脱贫攻坚"最后一千米"问题，为经济社会发展提供了强有力的运力保障。在浩瀚的历史长河中，铁路运输一直都扮演着重要的角色，它不仅是国民经济大动脉、国家重要基础和大众化交通工具，同时在推动经济社会发展中发挥着不可替代的作用。如今，高铁不仅改变了昔日的出行难，也改变了经济、社会乃至人们的心态。无论平时还是节假日高峰，高铁承担起越来越重要的运输职能，"同城效应""一小时经济圈"通过高铁搭建，人流、物流周转加快，带动了沿线经济转型和社会进步。向新疆、甘肃、宁夏等西部地区延伸的高铁，把西部欠发达地区与北上广等经济发达地区发展更紧密地联系在了一起。

在中国的高速铁路经历的 12 年里，从"引进来"到"走出去"，中国高铁犹如初生的婴儿一步步走向成熟。作为中国交通运输行业里的先行官，我们有理由相信，高铁里程领跑世界的中国经济将不断提速，中国高铁也将一路高歌，以担负交通强国之使命，唱响从跟跑到领跑的时代最强音。

## 【思考题】

1. 从"解放军打到哪里，铁路就修到哪里，火车就开到哪里"总结出艰苦奋斗、勇于奉献的含义。

2. 为什么要求铁路职工做到艰苦奋斗、勇于奉献？

3. 艰苦奋斗、勇于奉献有哪些基本要求？

## 【活动】 参加勤工俭学 培养劳动情感

### 1. 活动目的

试着进行一项勤工俭学活动，培养自食其力、艰苦奋斗的精神，培养劳动意识与责任。

### 2. 活动实施

（1）开展一项适合自己的勤工俭学活动，如食堂帮厨、打扫卫生间、摘棉花、每天节省一元钱等。坚持一个月，分析其效果，交流感受。

（2）积极参加并完成学校组织的大型勤工俭学、公益劳动等活动，努力完成自己的任务，并力争帮助别人完成劳动任务。

# 第八讲

## 廉洁自律　秉公办事

智者不惑，勇者不惧，勤者不贫，廉者不腐。
天天洗脸净在其外，日日反省明在内心。

### 【问题聚焦】

临河站是包兰线上的一个二等区段站。这里季节性运输特别强，年装车1.2万辆，发送货物60多万吨，其中绝大部分是农副产品，而且长年严重缺乏空车，每到秋、冬季节农副产品外运旺季，使得车皮"身价倍增"。张子俊在这样一个集热点、焦点、难点于一体的车站当站长，深感自己的责任重大。他终日琢磨着怎样在廉政勤政的道路上走出坚定的步伐，向党向人民交一份"人民铁路为人民"的合格答卷，为此，他总结出以下两点经验。

一是把好个人关。他被调到临河车站任站长，正值葵花籽、黑瓜籽等农副产品运输的黄金季节。不到一个月，就收到商谈业务、联络感情的请帖近百张。有的单位、货主还一次次地到办公室堵、路上截、家里请，都被他以各种方式拒绝了。一些货主看到"请"在他身上不灵，就动用"红包"。一天一个货主到他办公室要求给解决几个车皮，并拿出一个八九厘米厚的红包对他说"这是一点心意，事成之后，必将重谢"。他当时火冒三丈地将那货主请了出去。

二是把好家庭关。一段时间里，一些货主在他身上碰了"钉子"后，就把眼睛转向他的家庭。其实，从他被提拔为副段长那天起，他也在家里规定了"约法三章"：第一，任何时候都不准收受旅客、货主送的钱物；第二，不准为他人代办车皮、卧铺票；第三，不准找别的领导替他人说情。

一次，他的一位小学同学听说张子俊当了临河站站长，高高兴兴地来找他要车皮。张子俊认真地给他讲铁路的有关规定，说明不符合规定的事不能办。这位同学说："现在是开放搞活的市场经济年代了，你别那么死心眼，事成之后，有你的好处。"不论老同学怎么说，张子俊就是不给他帮这个忙，老同学一气之下，丢给他一句"不近人情"

的话走了。多年来，他没有给亲朋好友批一个条子，办过一个车皮，走过一次后门，始终忠实地履行着"堂堂正正做人，清清白白做官"的诺言。

**【思考园地】**

1. 张子俊为什么能够做到廉洁自律、秉公办事？
2. 廉洁自律、秉公办事要求正确使用职业权力，把自觉与自律结合起来，你能做到吗？

**【学习探究】**

## 一、廉洁自律、秉公办事的基本含义

在人们的观念中，廉洁自律、秉公办事历来是和清官的德行相联系的，即使在今天，人们也往往把廉洁自律、秉公办事看作是对领导干部的道德要求。其实，廉洁自律、秉公办事不仅仅是领导干部的职业道德，也是铁路职工应该自觉遵循的一种职业行为规范。所不同的是，领导干部遵循的廉洁自律、秉公办事，是相对于他们所掌握的领导权力而言的，而铁路职工遵循的廉洁自律、秉公办事，是特指铁路职工在铁路职业活动中所存在的职业方便和行业特权而言的，是铁路职工在使用职业权力过程中应该持有的态度和正确选择的行为。

廉洁自律，指的是铁路职工应严格按照有关规章制度行使职业权力，纪律严明，主动为旅客货主提供优质服务，自觉保护旅客、货主和铁路的利益，杜绝以职谋私。

秉公办事，主要是要求铁路工作人员在职业活动中应做到公平、公正，不谋私利，不徇私情，不以权损公，不以私害民，不假公济私。

廉洁自律、秉公办事是铁路职工正确处理职业权力与个人关系的行为准则，是铁路职工对企业和国家应尽的道德义务。

首先，廉洁自律要求铁路职工自觉地按有关规章制度的要求约束自己，正确使用职业权力。廉洁自律特别强调自觉与自律，这就是说铁路职工在工作中应该自觉地按有关规章制度规范自己的行为，正确使用职业权力，要做到领导在场与不在场一个样，有人监督与无人监督一个样，亲戚、朋友、"关系户"与其他服务对象一个样。

其次，秉公办事强调铁路职工应该从人民的利益出发，用权为民，把人民的利益作为使用手中职业权力的出发点，把满足人民的需要作为使用职业权力的归宿。用权之前，先从人民的利益出发，而不是从个人或小集团的利益出发，要看看是否符合人民的利益。

最后，廉洁自律、秉公办事还要求铁路职工在职业权力可能带来的物质和金钱的诱惑面前，坚持原则而不假公济私，一视同仁而不厚此薄彼，平等地遵循道德和法律规范。一个列车员，在接待旅客时，不以貌取人。在班组里，对于大小是非都能公平对待，对于应该干的活，不论谁布置，都能认真干好，对于该赞扬的人和事敢于赞扬，对于该批评的人和事敢于批评，同样是廉洁自律、秉公办事。

## 案例

> 丰台机务段日用杂品库管库员、共产党员王致涌，性格倔强，刚直不阿。当问他是如何做到不徇私情，坚持物资纪律时，他笑了笑，谦和地说："这都是我应该做的，职责要求我干工作就得讲认真。"简短朴实的语言表达了一名共产党人对党的事业的忠诚。
>
> 王致涌所分管的日用杂品库共有370多类，上万件物品，价值25万多元。这些物品70%与人们日常家庭生活密切相关，如铁钉、线绳、清洗剂、布匹、地板革、肥皂、洗衣粉、手电筒，等等。这给日常物资管理带来一定难度，但王致涌却认准了一个死理：坚持物资纪律，一点儿也不能松扣。为了防止少数人假公济私、贪占公物，王致涌专门对各部门的用料科目和有权领料人进行了认真调查，发料中坚持做到"五清"。无定额或超定额的，领料申请必须经车间主任和定额员审批后才发放。有的人为疏通关系以后领料方便，有时领了生活上用得着的物品，就悄悄往他手里塞，遇到这种情况他就劝说："如果你们用不了的话，是否就少领点。"为此得罪了一些人，甚至亲朋好友，有的说他"抠"，他报之以微笑，依然"我行我素"。一位与他一起入路的好友私下对他说："山不转水转，水不转人转。多个朋友多条路，得罪一人多堵墙。你没几年就退休了，睁只眼闭只眼算了。何必那么认真呢？"可王致涌想，不管山怎么转、水怎么转，党性不能转没了，原则不能转丢了。组织相信我，把我放在这个岗位上，我就得负责，就得"较真儿"，绝不能拿公家的东西送人情、做交易。
>
> 十几年来，他坚持请吃不到，送礼不要，"回扣"上交，得到领导和同志们的好评。但也有人认为他太傻，说他"是一个天生的傻子，别人把肥肉放到你嘴里，你反而吐出来"。面对这些议论，他说："我是一名共产党员，所做的每一件事都应对得起这个光荣称号。何况那种钱财绝不是什么肥肉，而是毒药，为拒礼、拒贿说我傻，我心甘情愿。"

## 二、廉洁自律、秉公办事的重要性

**1. 廉洁自律、秉公办事职业道德规范的确立，有利铁路职工树立正确的职业权利观**

铁路运输部门的职工，特别是一些处在管车、管票等岗位上的职工，他们直接管车、管票、管货，这种权力既可以用来为人民解决实际困难，满足人民生活、工作和学习对运输的需求，也可以用来为朋友亲属提供方便，或者在车票紧俏的情况下为个人捞取金钱或实惠。

职业权利应该在职业责任允许的范围内使用，一旦超出了职业责任允许范围，甚至与社会主义企业的职业责任背道而驰，职业权利就发生了异化。廉洁自律、秉公办事揭示了铁路职业权利的性质，明确了铁路职工在使用职业权利时应该遵循的原则，使铁路职工懂得在使用职业权利时，自己所应承担的职业责任，从而有助于职工形成正确的职业权利观念。

**案例**

> 2015年9月7日，中国铁路总公司党组通报了对近期违反中央八项规定精神和廉洁从业规定的13名领导干部的处理情况。具体问题如下：
>
> 因违规发放奖金，给予时任成都铁路局局长武勇党内严重警告、行政记大过处分，给予成都铁路局党委书记王晓州、成都铁路局总会计师赵山党内警告、行政记过处分，给予成都铁路局局长宋修德通报批评，同时收缴上述人员违规领取的奖金。
>
> 因在举办会议及培训期间违规发放纪念品，违规发放奖金，违规收受礼物，给予成都铁路局工会主席周俊波撤销成都铁路局党委委员和工会党组书记职务处分，由副局级降为正处级，按程序免去其工会主席职务。
>
> 因在举办活动期间违规发放纪念品；巧立名目滥发奖金，给予兰州铁路局工会主席刘岩党内严重警告处分。
>
> 因违反规定规避招标，指定施工、设计单位；利用职务便利，量身定制招聘条件，将其一名亲属和一名持有假学历的人员违规录用为铁路职工，给予沈阳铁路局副局长徐化龙党内严重警告、行政记大过处分。
>
> 因违规收取并支配技术咨询费，索要购物卡，给予成昆铁路有限责任公司董事、副总经理赵阳留党察看两年、行政撤职处分，由副局级降为副处级。
>
> 因违规多占住房，其亲属投资入股的公司在本人分管业务范围内从事经营活动，给予北京铁路局常务副局长朱惠刚党内严重警告、行政记过处分，并责令其退出违规多占的住房。

因履行党风廉政建设主体责任不到位，对违纪违规问题查处不严，对北京铁路局党风廉政建设存在的问题负有主要领导责任，给予北京铁路局党委书记崔佩哲党内警告处分。

因在已有住房的情况下仍长期占用单位周转房，给予南昌铁路局党委书记王秋荣，九景衢铁路江西有限责任公司董事长、总经理、南昌铁路局副局长王日辉，南昌铁路局副局长刘明亮党内警告处分。

通报要求，中秋、国庆临近，全路各级党政和纪检监察组织要认真履行党风廉政建设主体责任和监督责任，以严查公款送月饼节礼、公款旅游、违规公款吃喝、违规发放津贴福利等问题为重点，严格执纪，并对顶风违纪的党员干部所在的党组织和领导干部进行责任追究。

2. 廉洁自律、秉公办事职业道德规范的确立，有利于在铁路行业风气中抑恶扬善，从而维护铁路企业的良好形象

廉洁自律、秉公办事作为铁路职工的职业道德规范，是铁路企业良好形象的重要载体。铁路职工在工作中是以"人民铁路为人民"的形象出现，还是以假公济私、坑害旅客的形象出现在人民面前，这些都要通过道德载体表现出来。不同的是，前者是人民铁路形象的道德体现，而后者是人民铁路形象的歪曲反映。廉洁自律、秉公办事为铁路企业的职业权力的运用确定了正确的道德评价标准，凡是能够在职业权力使用上做到廉洁自律、秉公办事，就是善的；凡是以职业权力损公肥私、勒索卡要就是恶的。铁路职工能够以此为依据来认识评价自己或他人的职业权力行为，必然有助于抑制铁路内存在的不正之风，促进良好路风的形成。

3. 廉洁自律、秉公办事职业道德规范的确立，有利于促进社会秩序的稳定，从而推动社会主义和谐社会的建设

铁路运输企业，作为社会主义精神文明的窗口，如果在职业权力的使用上出现问题，不仅败坏铁路声誉，而且扰乱民心，影响社会秩序的稳定。比如以车以票谋私、乱收费、乱涨价、野蛮装卸、粗暴待客等现象，都严重地影响了社会的正常秩序，败坏了铁路的路风。这些事例从反面揭示了坚持廉洁自律、秉公办事的重要性。它告诉我们，只有以廉洁自律、秉公办事的职业道德规范约束职业权力行为，才能维护铁路运输的正常秩序，促进社会的和谐发展。

**案例**

中国裁判文书网发布了一则刑事裁定书，中国铁路沈阳局集团有限公司（下称沈阳铁路局）原副总经理王迁，因犯贪污罪、受贿罪被判处有期徒刑

12 年，涉案金额 1 653.66 万元。记者注意到，王迁自 2003 年担任大连机务段副段长时，就开始了贪污行为，一直到 2018 年被查前，仍在收受贿赂，其贪腐时间长达 14 年。王迁曾安排多位下属虚列材料款套取资金购买房产、车库，并利用职务上的便利，为一些单位和个人在铁路机车配件产品的试验、销售及工程承揽等事项上提供帮助，为防止下属"泄密"，还送给财务室主任 50 万元封口。

关于贪污罪的事实，判决书显示，2003 年至 2008 年，王迁在担任沈阳铁路局大连机务段段长、副段长、苏家屯段长期间，利用职务上的便利，采取虚构业务列支材料款、截留维修费等方式，骗取、侵吞公款，总计人民币 608.89 万元。

2003 年至 2006 年，王迁担任大连机务段段长、副段长期间，为方便账外使用公款，多次指使时任大连机务段财务室主任、检修车间主任、材料室主任等人，虚列材料款、维修费等，通过供货商经营的公司虚开发票，将结余的成本套出形成账外资金。2006 年 3 月，王迁将存有上述账外资金人民币 122 万余元的三张工商银行存折交给供货商，提现后存入以供货商妹妹名义开办的工商银行存折内，代为王迁保管。

2004 年 9 月，时任大连机务段段长的王迁欲用公款在大连市购置房产，谎称段里零小工程需要用钱，安排下属虚列三笔材料款，通过供应商经营的公司虚开发票的形式，将材料款总计人民币 211.89 万元套出支付给供应商的公司，用于购买了一套在大连市的房产和地下车库。

法院认为，王迁身为国家工作人员，利用职务上的便利，骗取、侵吞、非法占有公款，归个人所有，数额特别巨大，其行为已构成贪污罪；同时，王迁非法收受他人财物，为他人谋取利益，数额特别巨大，其行为已构成受贿罪。王迁在判决宣告前一人犯数罪，依法应予以并罚。王迁具有自首情节，且已上缴全部违法所得，缴纳罚金，故对其可减轻处罚。根据王迁犯罪事实、情节、社会危害程度及悔罪表现，决定执行有期徒刑十二年，并处罚金人民币一百万元。

## 三、廉洁自律、秉公办事的基本要求

### 1. 树立廉洁自律、秉公办事的观念

廉洁自律、秉公办事的职业道德规范的提出，对于每一个铁路职工而言仅仅是一种外在的规范，而道德只有成为人的内心信念才能长期持久地起作用的道理，所以我们必须树立起廉洁自律、秉公办事的观念。

树立廉洁自律、秉公办事的观念，必须正确认识正当的个人物质利益与个人利己

主义的原则界限。在服从国家、集体利益的前提下，获得个人的物质利益是应该肯定的，而不顾国家、集体利益甚至冒着践踏法律的风险追求个人利益，如利用职业权力谋取个人私利，不仅不可取，而且应该受到批评处分，必要时应绳之以法。

树立廉洁自律、秉公办事的观念，必须正确认识各种规范、制度与人的关系。有了规范、制度，人的职业行为才有依据、衡量和检验的标准。在规范、制度面前，人是十分重要的。我们知道，规范、制度是人制定的，它约束了人的行为，而且要通过人来执行。离开人对规范制度的认识、理解和制定、执行，规范、制度再健全也还是没有用武之地的。从一定意义上说，关键在人。

树立廉洁自律、秉公办事的观念，必须要正确认识社会大环境与个人行为之间的关系。大环境是由小环境组成的，大环境可以影响小环境，同样，小环境的好转也能逐步改变大环境。所以，每个铁路职工应该自觉树立起廉洁自律、秉公办事的观念，从自我做起，以实际行动净化大环境、营造小环境，在环境与人的相互作用中，实现社会风气的好转。

树立廉洁自律、秉公办事的观念，必须要正确认识普通职工廉洁自律、秉公办事与党员干部率先垂范的关系。一方面，党员干部的行为对于树立廉洁自律、秉公办事的意识有重要影响。党员干部做到廉洁自律、秉公办事，会产生正面影响力，促进企业发展和良好风气的形成；反之，就会产生副作用。所以，党员干部必须带头廉洁自律、秉公办事。另一方面，廉洁自律、秉公办事是每一个从业者都应该具有的基本道德品质。普通职工也应该做到廉洁自律、秉公办事，同时对党员干部的行为进行监督。在复杂的形势下，党员干部和普通职工都要保持清醒的头脑，抵御各种诱惑，以国家和人民的利益为重，增强原则性，自觉做到廉洁自律、秉公办事。

## 2. 照章办事、公私分明

照章办事就是要坚持真理，坚持实事求是的原则，按规章制度办事，做到行所当行，止所当止。公私分明就是指在职业活动中不凭借自己手中的职业权力谋取个人私利，损害社会集体和他人的利益。

照章办事、公私分明表现了做人的一种独立的人格精神，是做人的一种美德。随着社会的进步，企业之间竞争的激烈，处事不公的现象往往会在旅客和货主之间产生严重的矛盾，造成企业凝聚力下降，直接影响铁路企业的经济效益和社会形象。为此，必须在铁路职工中树立公正意识，做到办事公平合理。

坚持照章办事、公私分明，就必须做到不仁不义之事不为、不义之财不取、不正之风不染、不法之行不干。坚持照章办事、公私分明，就必须做到按照规章制度的要求对待所有的服务对象，不拘私枉法、不拘情枉法。坚持照章办事、公私分明，不能因为服务对象的特点、职位、关系而采取不同的态度，要做到一视同仁。总之，坚持照章办事、公私分明的核心就是要克服私心，做到正直无私。

共产党员章萍是"火车头"奖章获得者。她以工作认真负责，办事讲原则而出名。1981年，章萍刚当上列车员时，列车长规定每半个月要抹一次车厢顶棚，而身高只有1.58米的章萍却趟趟都爬上行李架去抹顶棚。1998年春运时，很多外局调来支援的车体是备用车。有些列车员认为反正只用两三个星期，卫生凑合凑合算了。可章萍却认为，卫生不达标的车拿出来载客是对乘客的不尊重。章萍把袖口一挽就干了起来。在她的带领下，80多辆外局车"容光焕发"地与乘客见面了。

人生在世，谁没有个远近亲疏？有的人在亲情面前，常常是"难得糊涂"。可章萍却能理智地处理好管理工作中遭遇的亲情考验。章萍的小姑子在上海车队当列车员，表现一直不错。一次出乘回来，碰上家里有急事，她草草搞了一下卫生就走了。偏巧时任上海车队副队长的章萍上车检查卫生，见状当即打电话让小姑子回来重新打扫。婆婆知道后，在电话里求情，章萍坚持说"正因为是我的亲戚，更应该遵守规章制度"。小姑子尽管心怀不悦，但还是跑回来补搞了"达标"卫生。真的是章萍不在乎亲情吗？章萍苦涩地一笑："我始终认为'严是爱，宽是害'。"

## 3. 公道正派、不徇私情

公道正派是指铁路各部门职工在工作中不借职权之便而损公肥私。不徇私情是指铁路各部门职工在工作中按照原则办事，处理事情合情合理，做到公平正义。

铁路职工在职业活动中，要做到公道正派、不徇私情，应从以下几点来严格要求自己。首先，要做到客观公正。这就是说在自己的职业活动中，对待周围的人和事做到从客观事实出发，不偏不倚，做出客观、公正的判断和处理。其次，要做到不徇私情。所谓徇私情，通俗地说，就是抹不开面子。不徇私情就要求我们在面对熟人、亲人时，要采取客观中立的态度，排除感情因素，坚持公正原则。最后，要做到光明磊落。这就是说在自己的职业活动中要克服私心杂念，把社会、集体和企业的利益放在首位；在工作中，言行一致，表里如一，扎扎实实地做好本职工作；敢于认识和解剖自己，勇于开展批评和自我批评，改正自己的不足。

大同车务段柴沟堡站位于晋冀蒙三省交会处，多年来，由于运能运力的矛盾，使得货主想方设法托关系的现象屡屡不断。该站货运值班员李瑞刚从事铁路货运工作二十年，担任货运值班员的十二年中，经受住了各种考验。

走进李瑞刚在货场的办公室，一块写着"共产党员先锋岗"的白底红字的牌子十分醒目地放在办公桌上，这是党组织发给每个获得优秀共产党员称号职工的标志和荣誉，李瑞刚则把它看作是一种鞭策和警示。这几年来，发运粮食种子和铁矿石很赚钱，他的几个连襟和小舅子多次找他帮忙，想要代理货主申请车皮从中赚钱，一连几次都被他拒绝了。为此，亲戚朋友都骂他六亲不认，但货主的事他却经常记挂在心里。

怀安县盛产高寒小杂粮，有相当一部分销往外地，甚至外销出口。有一年，因公路施工，汽运能力跟不上，到11月底，怀安县外贸局还有一批出口外销的芸豆没有运走。外贸局领导急得团团转，请求柴沟堡站货场给予支援。当时，正值运煤炭会战，空车皮十分紧张。李瑞刚得知这一情况后，连夜找上级有关部门联系，经过积极努力，终于要来了3辆空车。车站货场一路绿灯，边上货位，边装车。180吨芸豆终于赶在开船前运到了港口。县外贸局多次来请李瑞刚和货场的同志们吃饭，都被婉言谢绝了。

十几年来，为货主解决了多少次困难，李瑞刚自己也记不清了。在李瑞刚的带动下，柴沟堡车站货场十二年来路风实现零投诉，零反映。

### 4. 坚持原则、抵制歪风

坚持原则是指铁路职工在行使职业权力的时候，按照铁路运输工作的规章制度和准则来办事，一丝不苟，在任何时候都不能简化，更不能拿原则做交易。没有原则，就没有公道。抵制歪风是指铁路职工在工作中，对于来自各方面的不正之风应坚持的立场。抵制歪风要求铁路职工在不正之风面前要毫不动摇，敢于抵制。

坚持原则和抵制歪风是密不可分的。只有做到坚持原则，才能敢于抵制歪风；敢于抵制歪风，才能更好地弘扬正气，有利于坚持原则。窗口单位的职工，经常遇到旅客、货主、熟人、亲友在票或车的问题上提出的种种要求，在车票紧俏的情况下，这种问题就更加突出，如何处理这些问题，就是一个秉公办事的原则。一张票从窗口售出就是道德的，而私自扣留给了熟人或关系户就是不道德的；由此可见，坚持原则，就是按原则办事，就是公正无私地用权。

坚持原则、抵制歪风，要闯过金钱关。俗话说，"吃了人家的嘴短，拿了人家的手软"。只要拿了人家的钱就不可能坚持原则，更不可能秉公办事。因为这种不该拿的钱是对方和你交换原则的筹码。坚持原则、秉公办事，就必须做到不为金钱动心。

坚持原则、抵制歪风，要顶住人情风。近年来，熟人好办事之风盛行。一些人利用熟人的人情去做交易，利用熟人不好意思的心理办一些不该办的事。如果顶不住这股风，就会丧失原则。坚持原则、秉公办事要顶住人情风，并不是说铁路职工不要人情，问题是在运用职业权力时应该自觉地分清私恩与公法，不能弃公法而报私恩，失原则去送人情。

坚持原则、抵制歪风，要冲破关系网。近几年，关系网成为一些人相互联系、相互利用、相互办事的媒介。这种为个人私利或为集团利益结成的关系网越来越制约着我们坚持原则。但是，原则就是原则，在坚持原则的问题上不能动摇，宁肯丧失关系而一时受难，也不能为了关系而丧失原则。

坚持原则、抵制歪风，需要弘扬正气，打击邪气。由于拜金主义的泛滥和思想政治工作的薄弱，职工中的利己主义构成了一股势力，一些人不给好处不办事，一些团体为了小集体的利益集体作弊，正气下降，邪气上升。这种情况就要求我们必须是非分明、抵制歪风、弘扬正气、打击邪气。一是通过多种方式大力表彰人民铁路为人民的先进典型，在职工中强化遵守职业道德光荣的思想。二是对于发生严重路风问题，如贪污票款、敲诈勒索数额巨大或屡抓屡犯构成犯罪的人员，坚决绳之以法，并且以这种典型案例为载体，以案讲法，能对于歪风邪气起到震慑作用。三是领导干部要敢于匡扶正义，不压邪何以扶正？因此，领导者应该扶持正义，打击邪恶。

坚持原则、抵制歪风是一个原则性很强的职业道德要求，也是社会主义市场经济条件下具有新的特点的职业要求，在当前铁路运能运量矛盾突出的状况下，每一个职工都应该运用这一规范自觉地约束自己，做净化路风的有心人，在促进铁路路风净化的过程中，实现铁路职工人格的完善。

案例

---

### 武汉铁路局集团高层蒋芳政受贿三千多万

索贿 300 万元给情人购买住房，索贿 100 万元给情人和非婚生子在北京租房、付学费、出国旅游，利用职权帮助情妇在铁路系统"领空饷"……2019 年 5 月，中国铁路武汉局集团有限公司原党委委员、副总经理蒋芳政被双开。

2002 年 2 月至 2018 年 11 月，蒋芳政利用其先后担任郑州铁路局武汉分局江岸车辆段段长、武汉铁路局副局长、中国铁路武汉局集团有限公司董事、副总经理等职务上的便利，在项目承接、工程验收、资金拨付等方面，为武汉市某科技有限公司、北京某科技有限公司等 14 家单位和李某甲等 4 人谋取利益，单独或者伙同其情妇杨某某（另案处理）索取、非法收受他人财物共计折合人民币 3 279.797 75 万元，其中 2 672.308299 万元的财物系索要。

2019 年 5 月 30 日，中央纪委国家监委网站披露，蒋芳政涉及的问题中包括"违反组织纪律，不如实报告个人离婚事项，编造理由缺席反馈巡视情况会议、陪其情妇及非婚生子外出游玩"，"违反生活纪律，与他人发生并长期保持不正当性关系"，"利用其负责动车基地全面工作等职务上的便利，单独或伙同情妇大肆索贿、受贿"等。

2008 年、2010 年，蒋芳政先后利用职权为北京某科技公司拿到了武汉铁路局的多项业务，并在设备安装、验收，资金结算等方面为该公司提供帮助。

2009 年 11 月至 2011 年 8 月，被告人蒋芳政伙同杨某某以购买门面为由，向该公司实际控制人刘某某索要钱款，并提供了杨某某个人银行账户。刘某某遂向杨某某名下账户先后汇款 240 万元、70 万元。杨某某将该款用于购买武汉市江汉区的一间门面商铺。

2015 年 3 月，被告人蒋芳政又以情妇杨某某需办理移民为由，伙同杨某某向刘某某索要人民币 200 万元。

2017 年 4 月至 2018 年 3 月，被告人蒋芳政伙同杨某某分 5 次向刘某某索要人民币共计 100 万元，用于支付杨某某及其与蒋芳政所生儿子在北京生活期间的住房租金、幼儿园学费以及迪拜旅游等费用。

习近平总书记指出："我们党员干部队伍的主流始终是好的。同时，我们也要清醒地看到，当前一些领域消极腐败现象仍然易发多发，一些重大违纪违法案件影响恶劣，反腐败斗争形势依然严峻，人民群众还有许多不满意的地方。党风廉政建设和反腐败斗争是一项长期的、复杂的、艰巨的任务。反腐倡廉必须常抓不懈，拒腐防变必须警钟长鸣，关键就在'常''长'二字，一个是要经常抓，一个是要长期抓。我们要坚定决心，有腐必反、有贪必肃，不断铲除腐败现象滋生蔓延的土壤，以实际成效取信于民。"

**【思考题】**

1. 通过以上案例，谈谈你对廉洁自律、秉公办事的认识。
2. 铁路职工为什么要做到廉洁自律、秉公办事？
3. 你能按照廉洁自律、秉公办事的基本要求来塑造自己吗？

**【活 动】**

讨论会：当班干部是为自己还是为别人？如果我是班干部我能为大家做什么？

1. 活动目的

通过辩论明确是非，明确当班干部的权利和责任，更好地为同学服务。

2. 活动实施

（1）以班为单位，由班委主持，制定发言（需准备发言稿）与自由发言相结合。

（2）围绕着学过的内容树立廉洁自律、秉公办事的观念；照章办事、公私分明；公道正派、不徇私情；坚持原则、抵制歪风等内容进行。

（3）取得一致后，班干部对照检查自己的不足和努力方向；其他同学假设如果自己是班干部，将准备怎么做。

（4）可尝试进行班干部轮换制改革，并进行评比。

# 第九讲

## 爱路护路　尽职尽责

### 【问题聚焦】

2020 年 7 月 14 日，太焦线降雨时断时续。在一处 I 级防洪看守点，危石看守工焦积红走走停停，并不时拿起胸前的望远镜观察着眼前呈 90 度的峭壁。

焦积红是月山工务段西武匠桥隧车间养修班组职工，负责看守太焦铁路上行 354 千米 600 米至 355 千米 344 米的一处 I 级防洪点。他的看守工作从 4 月 10 日就开始了。

焦积红负责看守的 I 级防洪点两头是隧道，中间是一段弯道。负责看守的人员有 4 人，每天有两个人在看守点轮流看守，一个班 8 个小时，5 天后方能换班走出大山。

看守点的工作看似简单，实则责任重大。进入雨季，山里不期而至的降雨对焦积红来说是最担心的一件事。风化的石灰岩被雨水冲刷后失去支撑，随时都可能掉到铁路上。无论石头大小，砸到钢轨或者砸中火车，后果都不堪设想。

山坳里不透风，不下雨时十分闷热。可再热，必要的装备也必须穿戴齐全。背上铁锹，挎上装着防护用品的背包，胸前挂好望远镜，测试对讲机性能……做足了准备，焦积红开始每天的固定交路巡查。巡查途中，只要手里的对讲机传来司机的联控声音，焦积红就会停下脚步，仔细查看自己视野范围内的设备状况、山体情况并告知司机。

作为一名看守工，焦积红不仅要耐得住山里工作的寂寞，而且要克服夜间巡查时的恐惧。"晚上山里静得吓人，偶尔还会传来类似狼的叫声，没有点儿胆量根本不敢出去巡查。"焦积红说，"不过时间一长就习惯了，胆子也变大了。听到火车风笛声和隆隆的车轮声，我就觉得十分安心。" 看守不易，来看守点的路也不易。焦积红家在晋城，每次去看守点，他都要乘坐一天只有一趟的"小慢车"，在距离防洪看守点 4 千米远的孔庄站下车，然后拎着背包，在大山里崎岖蜿蜒的小道上走六七千米，才能到达看守点。

周而复始进出大山，大山里的村民和焦积红成了熟人，谁家有好吃的都会招呼他。连老乡家的大黄狗见了他，也会扑到他身上拱来拱去，亲热一番。

为改善看守人员的生活条件，月山工务段为看守点铺设了水管，把净化后的饮用水直接输送到了看守点，协调联系相关单位，解决了看守点用电问题。有了电冰箱、电磁炉、电扇……看守工在大山里安了家。

近年来，集团公司在 I 级防洪点安装了带有监控功能的线路障碍自动报警系统，坐在看守房里，通过监控视频就能清晰地看到线路上的状况。月山工务段还根据地形地貌，在合适的位置安装了高强度 LED 射灯，夜间将危岩照得清清楚楚。焦积红介绍，段上正准备在看守点安装危石位移监测系统，届时，这处 I 级防洪看守点就又多了一双盯控的"眼睛"。

## 【思考园地】

1. 从焦积红身上，看到了普通铁路工人怎样的品质？
2. 焦积红事迹对我们以后进入工作有哪些启示？

## 【学习探究】

### 一、爱路护路、尽职尽责的基本含义

爱路护路是指职工要热爱铁路事业，热爱本职工作，爱护和保卫铁路的一切设备，维护铁路治安和运输生产的正常秩序，同一切扰乱铁路治安和运输生产正常秩序，盗窃、损害和破坏铁路设施的不法分子和行为做斗争。

尽职尽责就是要求铁路职工用一种严肃的态度对待自己的工作，勤勤恳恳、兢兢业业、忠于职守、忠实地履行岗位职责。

每一个铁路职工都要热爱铁路事业，以高度的主人翁责任感，爱护和保卫铁路的各项设施，维护铁路治安和运输生产的正常秩序，这是铁路职工应有的职业道德素质。铁路各类设施，包括线路、桥梁、隧道、车站、机车车辆和通信信号设施等，都是保证铁路运输正常进行不可缺少的条件。

爱护铁路的一切设施，就是要保证铁路的各类设施始终处于完好状态，在性能、质量、数量上都能满足运输生产正常进行的需要。铁路作为国家的重要基础设施，国家投入了大量资金。铁路设施的丢失或损坏，不仅会使国家财产受到重大损失，而且会造成连锁反应，影响铁路运输生产的正常进行和人民生命财产的安全。铁路

的许多重要设施都暴露在大自然当中，一方面容易受到暴风雪、洪水、泥石流等自然灾害的影响，另一方面也容易受到人为破坏。一些不法分子拆毁、盗窃铁路器材，击打行进中列车的事件时有发生。这要求铁路职工更加保持高度的警惕，努力做到爱路护路。

作为一名铁路工作者，还要有敬业精神。敬业是铁路职工热爱铁路事业的集中表现。

敬业包含两种境界：第一种境界是为利益而敬业。在现实生活中，许多人都抱着强烈的挣钱养家发财致富的目的对待职业。这种敬业境界的道德因素较少，个人利益色彩较浓，层次较低。在社会主义市场经济的条件下，就业竞争非常激烈，为了生活需要而敬业也是可以理解的，正如某企业的一句厂训所说："不爱岗，就下岗；不敬业，就失业！"但是作为社会主义国家的一名铁路员工，绝不能仅仅停留在这种境界，而要上升到更高层次。第二种境界是真正认识到自己工作的意义，做到为铁路企业、为国家和人民的利益而献身。达到这种敬业境界的人，能够在自己的岗位上以主人翁的责任感和事业心去干一行、爱一行、钻一行；能够不计较个人利益，始终保持积极的劳动态度；能够保持高昂的工作热情，把对国家、对人民和对社会的奉献看作无上的光荣。这是因为他们认识到工作的真正意义不在于获取个人利益，而在于创造社会价值。

### 案例

在新疆维吾尔自治区北部，连接克拉玛依和边陲小城塔城的铁路——克塔铁路于 2019 年 5 月 30 日正式开通运营。克塔铁路穿越了素有"魔鬼风区"之称的玛依塔斯风区。这里时常会遇到一种风吹雪的极端天气，不仅给铁路带来隐患，也让铁路守护者承受着异乎寻常的考验。一场突如其来的降雪改变了十几名养路工既定的行程。霍吉尔特车站发来通报，站内道岔被风吹雪掩埋，需立刻清除。

克塔铁路连接石油之城克拉玛依与边陲小城塔城，全长 308 千米，其特别之处在于它穿越了玛依塔斯风区，在这个所谓的"魔鬼风区"里，铁厂沟至霍吉尔特一带风灾尤为严重。乌鲁木齐局集团公司奎屯工务段额敏车间铁厂沟线路巡养组负责养护两地之间的线路，共计 46 千米。

养路工们驻扎在铁厂沟站，每天都会乘清雪车与上下车的旅客擦肩而过。进入冬季之后，由于风吹雪时常导致公路封闭，铁厂沟这个四等小站往往就成了当地人出行的唯一通道。

风吹雪，作为一种极端天气，对当地人的生活造成了严重的影响。风吹雪能导致公路封闭，也会给铁路制造隐患。

作为养路工，或许他们测算不出风吹雪影响行车的临界值，但他们都知道，消除线路上每一个隐患，那是自己的天职。

　　养路工的主业是清除线路病害，而工作在新疆北部玛依塔斯风区的这些养路工除了清除病害，还要频繁地随清雪车出动，以自己的方式清除线路积雪，在极端天气的条件下与风雪抗争。

　　枕戈待旦，他们在极端天气里奋战；

　　爬冰卧雪，他们在魔鬼风区里坚守；

　　风雪弥漫，寒风刺骨，他们无畏守护。

　　面对异乎寻常的恶劣天气，他们选择留下来；

　　将对家人的歉意深藏心底，只为铁路运输的安全稳定。

## 二、爱路护路、尽职尽责的重要性

1. 爱路护路、尽职尽责是铁路职工服务社会、贡献力量，实现人生价值的重要途径

　　职业活动是人生的主要内容。一个人对社会的贡献大小也就是其人生价值的大小主要是通过职业活动来体现的。只有热爱本职工作，勤勤恳恳、兢兢业业，忠于职守，尽职尽责，才能在平凡的岗位上实现自己的人生价值。

　　爱路护路、尽职尽责作为一种职业精神，对于促进个人发展及人生价值的实现具有多方面的作用，主要体现在以下几个方面。

　　第一，爱路护路、尽职尽责可以提升人的事业心。事业心指的是为实现远大理想而献身于具体职业的理想和信念。敬业精神是事业心和责任感的思想基础，一个具备这种精神的人一般都会为了自己的理想和人生的追求，不计较个人得失，甘于奉献。他们向往和追求的是事业的发展和成功带来的幸福感和成就感。

　　第二，爱路护路、尽职尽责可以提高人的工作水平。一个爱路敬业的人，为了把每一件事做好，就会不断学习，刻苦钻研，不断提高自己的业务水平；就会不甘平庸，

勇于开拓，不断提高自己的工作水平。

第三，爱路护路、尽职尽责可以提升个人的思想境界。如前所述，一个爱路护路、尽职尽责的人，一般都会有自己的理想和追求。这种理想和追求不是为了一己之私利，而是为他人和社会谋利益。为一己之私利的爱路护路、尽职尽责，不是真正的爱路护路、尽职尽责。

**案例**

> 侯树德，1980年从铁路司机学校毕业后，成了一名铁路车辆职工。他身上环绕着一串串光环：全国劳动模范、全国铁路劳动模范、铁道部路风先进个人、火车头奖章。
>
> 据不完全统计，侯树德担当乘务工作以来共发现处理各种客车故障1 350件，其中重点故障306件。一次，从南宁开往北京西的T6次列车从桂林站开车后，侯树德刚交完班正准备休息，检车员报告说发现一辆硬座车厢内有烧焦味道，但查不出原因。侯树德一骨碌爬起来，直奔硬座车厢查找原因。可他把车厢的电器设备查了几遍，仍没有发现异常。侯树德决定：前方站停车时下车检查。列车到达前方站时，他带着职工马上下车检查，最后发现制动闸盘有轻微自动抱闸，闸片已被磨红。于是，他马上进行了处理，防止了一起可能发生的行车事故。
>
> 在乘务长的岗位上，侯树德一干就是15年，带出了一支团结战斗的队伍。工作中，他以身作则，率先垂范，影响着身边的每一个人。在"非典"期间，北京成为全国的重点疫区，往返南宁和北京间的乘务人员思想波动较大。他在积极做好班组职工思想工作的同时，帮助职工落实自身防护措施，在自己生病的情况下仍坚持出乘，为职工们树立了榜样。在他的带领下，班组职工始终坚守岗位，团结战斗在一线，没有一个人请假，被评为铁路局"抗非典先进班组"。

爱路护路、尽职尽责是每一个铁路职工义不容辞的责任。作为铁路企业的主人，每一位铁路职工都应该视铁路为自己的"家"。热爱和保护好自己的"家"，即爱护铁路的一切设施，以积极的工作态度投入到爱路护路的行列中去，努力培养自己作为铁路职工的光荣感、使命感，热爱本职工作，尽职尽责，养成敬业意识，为确保大动脉的畅通而贡献自己的力量。

2. 爱路护路、尽职尽责是铁路企业生存和发展的根本

铁路是一部大联动机，铁路各岗位、各种设施或零部件之间密切相关。某一岗位，某一设施甚至某一零部件出现问题都可能造成重大事故，甚至造成运输中断，严重威

胁人民的生命和财产安全，也直接影响到铁路企业的生存和发展。

提倡爱路护路、尽职尽责，同时也是对铁路职工进行爱国主义教育，培养职工爱国家、爱铁路、爱岗位、爱护国家财产的道德品质的有效途径。铁路的一切设施都是国家财产，同时也是铁路职工生产工作的必要条件。每一个铁路职工只有具备热爱祖国、热爱铁路、热爱本职工作的高度责任感和事业心，才可能尽职尽责地履行爱路护路的义务。铁路企业对职工进行爱路护路、尽职尽责的职业道德教育，也应该从爱国家、爱铁路、爱岗位的高度来要求。只有这样，才能使职工在爱路护路的实践中，形成高尚的道德情操；也只有这样，才能使爱路护路真正成为每一个铁路职工的自觉行动。

## 三、爱路护路、尽职尽责的基本要求

### 1. 树立爱路护路、尽职尽责的观念

爱路护路、尽职尽责是每个铁路职工应尽的道德义务，每个铁路职工都要不断提高对这一道德规范的认识，在思想上树立爱路护路、尽职尽责的观念，在实践中自觉做到爱路护路、尽职尽责。

爱路护路、尽职尽责的观念包含着铁路职工爱岗敬业的精神，包含着铁路职工对铁路事业的深厚感情，包含着铁路职工公而忘私，勇于献身的品质。归根到底，爱路护路、尽职尽责的观念就是一种主人翁责任感的表现。所谓主人翁责任感就是铁路职工认识到自己是企业的主人，并迫切希望对国家、对社会、对企业负责，迫切希望为国家、为社会、为企业贡献自己的力量，同时对一切破坏国家、社会和企业利益的行为疾恶如仇。树立爱路护路、尽职尽责的观念就要求铁路职工具备高度的主人翁责任感。只有具备了高度的主人翁责任感，才可能尽职尽责地去爱惜和保护铁路的各种设施，才可能义无反顾地同一切破坏铁路设施以及铁路生产秩序的行为做斗争。

树立爱路护路、尽职尽责的观念，还要求铁路职工确立职业理想，明确职业责任。

树立正确的职业理想，必须处理好以下关系。

第一，职业理想和理想职业的关系。职业理想是人们对职业类型及所从事某种职业所能达到的目标的向往和追求。在现实生活中，不是人人都能找到自己的"理想"职业，即使我们所从事的职业不"理想"，我们也应该兢兢业业于本职工作，为国家和人民做出自己的一份贡献，这样我们就能实现自己的职业理想。

第二，社会需要与个人兴趣爱好的关系。在树立职业理想时，经常会出现社会需要与个人兴趣爱好之间的矛盾。在这种情况下，我们应该以社会需要为重。

职业责任是指从事某种职业的个人对社会、集体和服务对象所承担的社会责任和义务，包括人们应该承担的基本责任和义务。凡是社会需要的职业，社会都给它规定了具体的职业要求即职业责任。人们在职业活动中，是否履行了自己的职业责任，是

衡量我们是否称职的基本标准。自觉地履行职业责任，是爱岗敬业的基本要求和具体表现。

### 案例

2012年4月12日12时46分，渝怀铁路贵州松桃至重庆兰桥区间，上海南至重庆北的K74次旅客列车紧急停车。车上的近2 000名乘客并不知道，他们刚刚与死神擦肩而过。挽救列车的，是63岁的贵州铜仁松桃县苗族农民姚少军。

姚少军作为一名普通的农民党员，在发生危及铁路安全运输的情形时，能够毫不犹豫地在第一时间冲向现场，争分夺秒地排除险情，体现了一名共产党员临危不惧，保护人民群众生命财产不受损失的高尚情怀。

让我们回顾一下本次事件的一些细节，2012年4月12日中午，村民姚少军正在铁路边查看玉米地。忽然，同村妇女张燕子、戴琪等大喊："山上落大石头了！"几乎就在姚少军赶到现场的同时，听见喊声的村民戴启和拨通了松桃火车站派出所的值班座机。派出所教导员唐康华接到险情通报，立即拨通了兰桥站的电话，值班站长得到信息后立即向K74次列车发出紧急停车信号。司机梁德忠接到信号，果断采取制动措施。此时，距正常情况下通过落石点，仅有14秒钟。

不难看出，姚少军在一线努力排除险情时，背后也有很多人付出了努力，首先有群众发现险情，然后有群众打电话向车站公安报警，接着铁路车务机务及时联控，环环相扣。可以说，任何一个环节出了闪失，都有可能带来灾难。

沿线的村民知道铁路发生险情的危险性和产生的后果，能够及时到现场排除险情，能够及时报告铁路有关部门，铁路职工也尽职尽责，正是铁路、地方的共同努力，才使一起可能发生的重大事故消弭于无形。

2. 忠于职守、热爱本职工作

忠于职守、热爱本职是铁路职工爱路敬业精神的集中体现。

所谓忠于职守，就是忠实地履行职业责任，安心本职工作，对本职工作恪尽职守，诚实劳动，在任何时候、任何情况下都能坚守岗位。

所谓热爱本职，就是以正确的态度对待职业劳动，努力培养热爱自己所从事职业的幸福感、荣誉感。忠于职守、热爱本职是国家、社会、企业对每一个职业从业人员最起码的道德要求。职业从业人员只有忠于职守、热爱本职才能在工作中充分发挥自己的才智，做出成绩。在职业工作中，我们应当怎样做到忠于职守、热爱本职呢？

首先，要忠实履行岗位职责，认真做好本职工作。岗位职责是指劳动岗位的职能以及本岗位应担负的责任。岗位职责一般包括岗位的职能范围与工作内容、在规定时间内完成的工作数量与质量、本岗位与其他岗位之间的关系等。它是做好本职工作的基本要求，也是评价或考核职工工作成绩的基本依据，更是每个职业从业人员对国家、对人民必须履行的义务。每一个职业从业人员，只要在岗位上工作一天，就要认真履行自己的岗位职责，即使与个人利益发生矛盾，也应首先保证完成工作任务。

其次，要通过本职活动，不断增长知识，增长才干，努力成为多面手，做到全面发展。我们不能把忠于职守，爱岗敬业片面地理解为绝对地、终身地只能从事某个职业。合理的人才流动，双向选择可以增强人们优胜劣汰的人才竞争意识，促使大多数人更加自觉地忠于职守，爱岗敬业。

最后，要努力培养干一行、爱一行的职业精神。因为只有那些干一行、爱一行的人，才能专心致志地搞好工作。如果只从兴趣出发，见异思迁，"干一行、厌一行"，不但自己的聪明才智得不到充分发挥，甚至会给工作带来损失。另外，现实生活中能够找到理想职业的人必定是少数的，对于多数人来说，必须面对现实，去从事社会所需要、而自己内心不太愿意干的工作。就这种情况下，如果没有"干一行、爱一行"的精神，就很难干好工作，很难做到爱岗敬业。

### 案例

又到山花烂漫时，杨存信忙着拾掇站里大大小小的角落。过两天，"开往春天的最美列车"S2线列车将载着大批的乘客，来观赏漫山遍野的山花。

这里，是老京张线上的青龙桥火车站，老杨在这里当了28年的站长。

京张铁路，承载着国人百年记忆。这是首条由中国人自行设计，投入营运的干线铁路，2019年迎来了110年华诞。2019年，京张铁路迎来了又一个奇迹，新京张高铁建成通车后成为世界上首条时速350千米的智能化高速铁路。

110年前，詹天佑先生主持修建的京张铁路，是一个几乎不可能的艰巨任务。青砖灰瓦、木色斑驳的青龙桥站，正是这条超高难度的京张铁路发生"神转折"的地方。京张铁路在此以"人"字形折返式铁路爬坡。

生于斯长于斯。杨家父子两代，68年守护在青龙桥站。

1951年，杨存信的父亲杨宝华由北京列车段调到青龙桥站任站务工。当时，车站用的还是臂版信号机，晚上把煤油灯挂到信号机上，早上摘下来。没煤油了，就要步行好几十里路到延庆县城去买。小时候，杨存信给父亲送饭总是纳闷，"他怎么这么忙？"尽管家就在站旁边，但父亲根本没空回家吃饭。作为通往西北的干线铁路，当年小站每天要过32对列车。站里职工上厕所都得掐着点儿一溜儿小跑。

1981年，杨存信接班。上班不久，手扳道岔改成了电动的。屋里的设备更是由以前的手动操控改为电脑操控。杨存信眼瞧着铁路上跑的蒸汽机车变成了内燃机车，又变成了电力机车，如今更是跑上了和谐号动车。2018年4月9日，长途列车经由京张铁路关沟段运行的历史结束，而一条新京张线正在地下掘进。如今，杨存信和同事每天主要负责S2线的接发任务。

57岁的杨存信保持着过去几十年的老习惯。每天早上6点多，就要开始准备接车、开早会、安排一天安全工作重点……忙完了，他总习惯在站里站外溜达一圈。站里的一个标识、一根钢轨，甚至栏杆，他都能如数家珍，将其历史讲解得一清二楚。

杨存信还陆陆续续"捡"回不少老物件。刻着苏州码子的里程碑，铸造于1898年英国产的钢轨，等等。2018年，老杨又给青龙桥站的小展室里增加了新展品——"京张高铁与青龙桥车站交会点下穿隧道石岩样本""京张高铁地下八达岭长城站岩石样本"。将关于老京张和新京张的"记忆"，都留存起来。

"新京张高铁工程就在我们下方几米的位置施工，都能听到声音。"杨存信兴奋地指着脚下。没错，在老京张铁路青龙桥站"人"字形的地下，新京张高铁线将与老京张线立体交会，正好形成一个"大"字。"高铁隧道下穿了青龙桥站，这里是下穿段最浅处，仅4米。"

未来，在老京张铁路下方，地下102米处，震撼世界的京张高铁长城站连接北京与张家口，成为2022年北京冬奥会的重要交通设施之一。"2022年，我就退休了，一定要坐京张高铁去给冬奥会加油！"杨存信乐呵呵地憧憬着退休生活，但对自己相守一生的老伙伴儿青龙桥火车站，他还是分外不舍。"我有一个愿望，京张高铁开通后，希望青龙桥站能够伴随着新线走进新时代。"

"要说100多年前，詹天佑先生主持修建的是中国铁路的建筑奇迹。今天，我们铁路人则在创造铁路建设的一个个世界奇迹。2019年，京张高铁就要试运行了，110年间发生的变化翻天覆地，正是我们中华民族自强不息精神的最好见证。"

3. 爱护铁路设施，勇于同破坏铁路运输的违法行为做斗争

爱护铁路设施是铁路职工职业道德的重要表现，主要有以下几个方面的内容。

第一，爱护铁路设施，就是要铁路职工以主人翁的责任感履行自己的岗位职责，爱护、维护、管理好自己岗位上的各类设备。严格按照设备管理规程加强对本岗位设备的定检、维修和保养，使铁路运输生产设施始终处于良好状态，这是对铁路职工爱路护路的起码要求。

第二，爱护铁路设施，就是要铁路职工以高度的责任心和不畏艰险的奋斗精神，及时排除自然灾害对铁路造成的破坏。自然灾害主要是由恶劣的气候和复杂的地理环境造成的，这需要铁路职工具有不畏艰险的奋斗精神，勇于面对自然灾害，敢于克服

各种艰难困苦，保护和及时恢复铁路设施的正常状态，保证铁路运输的正常进行。

第三，爱护铁路设施，就是要求每一个铁路职工都必须遵纪守法，决不私拿公物和偷盗公物。铁路的一石一木，每一个道钉，每一件器材，都是铁路设施不可缺少的零部件或原材料，都是公共财产，私拿公物、化公为私是一种不道德的行为。利用职业方便从内部偷盗公物不仅是不道德的，而且是违法的。每一个铁路职工对此都应有高度的警觉，坚持以主人翁的精神严格要求自己，遵纪守法，公私分明争做爱护铁路设施的模范。近年来，由于一些人法治观念淡薄，在私欲的驱动下，盗窃铁路各种设备、器材和物资，抢劫旅客财物和铁路运输货物。非法拦截列车，制造各种事故破坏铁路运输设施，妨碍铁路行车，严重地扰乱了铁路沿线的治安秩序，干扰了铁路运输生产的正常进行。因此，每一个铁路职工都应该坚决同各种破坏铁路运输正常进行的违法行为做斗争。

**案例**

> 8月31日，2019年暑运落下帷幕。记者从公安部铁路公安局获悉，暑运期间，全国铁路公安机关全力开展"平安站车路、金盾护你行"专项行动，严厉打击扰乱站车秩序、侵害旅客权益的各类违法犯罪活动，确保了铁路治安平稳有序。期间，共破获各类治安案件3万余起，查处违法人员2.9万余人，其中查处霸座、醉酒滋事、阻挡车门、动车吸烟案件676起。查获网上逃犯11 775人，破获"盗抢骗"刑事案件3 031起，抓获犯罪嫌疑人1 171人；破获倒票案件172起，缴获倒卖的车票及假票2.1万余张；查获各类易燃易爆危险品25万余起。
>
> 各地铁路公安机关从维护良好车站治安秩序抓起，密切与地方公安机关、驻站武警协调配合，抽调民警增援重点车站和列车，加大巡查力度，及时查获各类违法人员。为打击倒卖车票活动，各地铁路警方协同铁路客运部门加强售票厅和各售票网点的巡查，针对发现的倒票线索，全力开展顺线追击。工作中，各地铁警加大对重点嫌疑人员的盘查，共查获网上在逃人员11 775人。牡丹江铁路公安处把好进站、检票等关键环节，暑运期间共抓获网上在逃人员123名。
>
> 为了保证旅客财产安全，暑运期间，各地铁路警方组织"铁鹰"小分队深入到重点车站、重点列车持续打击"盗抢骗"等违法活动。广大民警立足岗位，严格落实"警情通报"制度，迅速处置各类报警，抓住战机，挽回旅客损失。期间，厦门、武威、延边等铁路公安处乘警支队密切与各停靠车站民警配合，兰州、深圳、乌鲁木齐等铁路公安处加强与地方公安机关的联系，掌握重点人员的活动情况。

与此同时，各地铁路警方联合客运部门，通过增加人员、增配设备等形式，加大安检查危力度。昆明、蚌埠、丹东等铁路公安处加大明察暗访，督促各类安检措施落实。临汾铁路公安处太谷站派出所、徐州铁路公安处夹河寨站派出所、鹰潭铁路公安处景德镇北站派出所通过设立展板、现场讲解等形式，积极开展严禁携带易燃易爆危险品进站上车宣传。8月19日，旅客罗某携带450毫升易燃液体在赣州站进站安检时，被民警从行李中查获。8月27日，一旅客携带500毫升剧毒农药在包头东站，被细心的包头铁路公安处民警和安检人员查获。

我国的铁路职工队伍是一支富有献身精神的过硬的队伍。在社会主义现代化建设的新时期，许多铁路职工为保卫铁路财产不受侵犯，为保卫铁路生产的安全，奋不顾身地同不法分子做斗争，用自己的实际行动履行了爱路护路、敬业尽责的职业道德，有的甚至献出了自己的青春和热血。

### 案例

宋鹏飞，男，汉族，中共党员，1978年出生，2003年参加工作，广州铁路公安局长沙公安处刑警支队五大队大队长。他坚持15年战斗在铁路反扒第一线，破获重特大案件50余起、盗窃旅客财产案件320余件，打掉犯罪团伙18个，抓获犯罪嫌疑人270余人，为旅客挽回经济损失近百万元，以优异战绩助力平安铁路建设。曾于2016年荣立个人一等功，获广州铁路公安局查缉反扒能手、火车头奖章、全国优秀人民警察等荣誉。

### 【思考题】

1. 请简述爱路护路、尽职尽责的主要内容。
2. 爱路护路、尽职尽责要求我们应该怎么做？
3. 本章的学习对我们有什么启示？

### 【活动】 做一下高考题

1. 活动目的

通过做高考题，从铁路职业道德的角度谈自己的体会和思考，谈谈如何做到爱路护路、尽职尽责。

2. 活动实施

（1）北京 2012 年高考作文材料：老计一个人工作在大山深处，负责巡视铁路，防止落石、滑坡、倒树危及行车安全，每天要独自行走二十多千米，每当列车经过，老计都会庄重地向疾驰而过的列车举手致敬。此时，列车也鸣响汽笛，汽笛声在深山中久久回响……

（2）大山深处的独自巡视，庄重的巡礼，久久回响的汽笛……这一个个场景带给你怎样的感受和思考？请在材料含义范围之内，自定角度，自拟题目，自选文体（诗歌除外），写一篇不少于 800 字的文章。

# 10 第十讲

## 率先垂范　当好公仆

人不率，则不从；身不先，则不信。立公心甘做公仆德乃大，去私念不谋私利品自高。

### 🔍【问题聚焦】

面对严峻的新型冠状病毒感染的肺炎疫情，中国国家铁路集团有限公司快速反应，高效调整了疫情期间涉及中国铁路武汉局集团有限公司的机车和乘务交路。对此，相关铁路局集团公司机务段积极响应，广大机车乘务员主动请战、冲锋在前，接棒武汉局集团公司机车乘务员投身一线，以实际行动护航春运期间铁路运输安全畅通。

疫情就是命令，防控就是责任。2021 年 1 月 27 日，国铁集团机辆部根据疫情迅速启动应急预案，连夜制订京广高铁、合武高铁、贵广高铁以及京广铁路、京九铁路、横麻铁路、焦柳铁路等线共 195 对客车机务担当调整方案，涉及 9 个铁路局集团公司。1 月 29 日，国铁集团机辆部下发关于临时调整京广高铁等部分客车机务担当有关事项的通知。

接到通知，中国铁路北京、郑州、上海、南昌、广州、南宁、成都局集团有限公司等相关机务段闻令而动、积极响应，迅速形成广大党员机车乘务员和干部主动请缨、群众职工踊跃报名的强大合力。一封封请战书上，"我是党员我先上""不计得失、不计报酬""在危难时刻决不退缩""奔赴第一线"等高频词句展现了机务人的担当。

按照调整方案，自 1 月 31 日起，郑州机务段接替原由武汉局集团公司担当的G27677 次列车等 24 对动车组的乘务工作。郑州机务段党委发出《致全体高铁司机的一封信》，号召大家在非常时期率先垂范、勇挑重担。短短一天时间，该段就有 157 名党员向动车运用党总支提交了请战书，主动要求承担乘务任务。上海机务段发出倡议后，先后有 136 名高铁司机自愿放弃休班主动报名，有的直截了当回复两个字——"报名"。调图后，合肥机务段担当合肥（南）至长沙南 4 对动车组的乘务交路，该段党员职工赵琪在请战书中写道："只要能缓解疫情，哪怕再危险、再困难，我也要义无反顾冲锋在前。"柳州机务段成立"援汉动车组司机党员突击队"的通知发出还不到 2 个小时，就有 90 多名动车组司机报名请战。

经过优中选优，一批政治过硬、业务精湛的机车乘务员迅速到位。1 月 30 日，各支援机务段由负责同志和党员干部冲锋在前，带队参加拉通试验，组织大家熟悉线路、站场，开展专题培训和安全风险研判，添乘调整后的首趟列车，圆满完成了郑州东至武汉至长沙南、南昌西至武汉至郑州东、合肥南至武汉至长沙南间的动车组拉通试验。为最大限度减少乘务员在待乘室交叉感染的风险，各支援机务段严格落实各项乘务作业纪律和疫情防控措施，及时制作新增乘务交路操纵提示卡和作业指导书，对职工个人安全防护用品的使用进行认真检查，逐一测量体温，尤其是重点加强客车司机的管理。

"我们接过武汉兄弟的班，就得让他们放心，让旅客放心！"2 月 1 日，南昌局集团公司驰援武汉的动车组司机陈伟和吴正磊圆满完成 G488 次列车南昌西至郑州东的值乘任务，他们朴实的话语道出了各支援机务段乘务员的共同心声。"众志成城，我相信阴霾终将过去，迎接我们的必将是春暖花开！"陈伟在自己的司机手账上写下了当日的支援日记。

自 1 月 31 日调图方案正式实施以来，铁路运输保持安全平稳有序。

### 【思考园地】

什么才是率先垂范？怎样当好公仆？

### 【学习探究】

## 一、率先垂范、当好公仆的含义

率先垂范、当好公仆，集中体现了铁路企业干部的职业道德的特点。率先，是相对群众而言的。率先垂范、当好公仆就是要求铁路企业的干部在职业活动中，必须站在时代的前列，事事、处处起表率作用，当好人民的勤务员，全心全意为人民服务，成为铁路职业道德的积极倡导者和模范实践者。

率先垂范、当好公仆包括忠于职守、勇于进取、求真务实、作风优良、公正廉洁、以身作则等内容。

忠于职守是铁路企业领导干部基本的行为规范，是各级领导干部从事职业活动的起码要求。在职业活动中，领导干部必须"在其位，谋其政"，忠诚积极，尽职尽责，精通业务，胜任本职，保证党和国家的政策法令在铁路企业贯彻执行，树立"在大局下行动"的观念，服从统一指挥，服务国民经济的大局；必须以对人民群众生命财产高度负责的精神，坚持安全第一，严格管理，尽心尽力地研究并解决工作中存在和可能出现的各种问题。

勇于进取是铁路企业领导干部应有的精神风貌，是领导干部竞争意识、创新意识在职业活动中的反映。铁路企业的领导干部应当心系铁路的生存与发展，善于学习，善于总结，善于集中群众智慧。在职业活动中，具备敢闯敢试，敢为人先的勇气和胆略，不畏艰险，百折不挠，带领铁路职工投身于改革发展事业。

求真务实是铁路企业领导干部必备的作风，是领导干部以马克思主义的世界观、人生观、价值观指导职业活动的具体表现。铁路企业的领导干部应当具备爱岗敬业精神，在职业活动中，深入实际，调查研究，善于把握规律，善于把党的方针政策、国家的法律法规与本单位的工作实际结合起来，善于把设想的可行性、决策的科学性、工作的指导性、管理的有效性、效果的合理性有机统一起来，"说实话、知实情、想实招、办实事、重实绩"，保证铁路大联动机的可靠运转。

作风民主是铁路企业领导干部重要的道德修养，是现代企业管理应遵循的组织原则。领导干部应当具备谦虚谨慎的美德，具备用人容人的气度、取长补短的雅量和自我批评的胸怀，坚持走群众路线，善于团结，把领导与接受民主监督、管理与依靠群众有机结合起来，充分发挥职工群众参与企业民主管理的积极性。

公正廉洁是铁路企业领导干部从事职业活动必须遵循的道德原则，是领导干部必须保持的道德情操。领导干部处事待人应有光明磊落、表里如一的思想品格。在职业活动中，要做到坚持原则，秉公办事，清正廉洁，不谋私利。

以身作则是铁路企业领导干部道德修养的崇高境界，也是铁路领导干部宝贵的职业形象。领导干部必须注重自身形象的塑造，懂得"正人必先正己"的道理，时时处处注意发挥表率作用。

**案例**

2015年开工、被称为雪域高原新天路的拉萨至林芝铁路实现全线贯通，拉林铁路预计在2021年年底实现开通运行。拉林铁路建设过程中，建设者志比山高、心比火热，以决战决胜的坚强信念进行着一场无比艰辛的征战，涌现出一大批模范群体、榜样人物。

这支队伍中不仅有三上高原的老铁道兵，还有巾帼不让须眉、首次走上高原就建功立业的新时代女青年。其中，中国铁建十一局集团桥梁有限公司拉林铁路曲水分公司质检女工班班长崔欣就是其中一名佼佼者。

拉林铁路全线平均海拔3 300米，年平均含氧量不到平原地区的70%。高原缺氧的现状造成质检人员短缺。2018年春节刚过，中铁十一局集团拉林铁路项目部轨枕生产车间4位女工主动请缨，要求组建新天路上第一个质检女工班。

由于年龄最小的崔欣和颜双燕刚满 29 周岁，主管领导十分犹豫是否批准。知道领导的顾虑后，崔欣约上其他 3 位姐妹，一起来到领导面前，表明了决心和信心。崔欣表示，当年修建青藏铁路时，中铁十一局集团青藏铁路铺架项目部轨排队就有一个女工班，她们奋战高原、无私奉献的事迹至今让人备受鼓舞。崔欣坚定地说："当年修建青藏铁路，我们还小没能赶上，现在修建新天路，说什么我们也要上。我们要把青藏铁路精神传承下去，让中铁十一局集团女工班的旗帜高高飘扬！"

作为新时代的女性，她们悄悄藏起对家人的思念与眷恋，义无反顾地踏上拉林铁路建设的新征程。"狂风呼啸，沙尘肆虐，强烈的紫外线，恶劣的自然环境，带来的是失眠、胸闷、腿软。"崔欣说，初上高原，她们经历了煎熬到习惯的过程。

为了保证轨枕质量，崔欣带领 3 位姐妹勤学苦练、潜心钻研。"每一个检测点都要眼看、手摸、卡尺量，任何一个瑕疵都不能放过。"崔欣自豪地表示，"我们的脸上晒出了'高原红'，双手磨成了'铁砂掌'，但也练就了'火眼金睛'，实现了轨枕出库合格率 100%。"由于质检女工班的成绩优异、贡献突出，同事们都亲切地称她们为轨枕质量的"守护女神"。

莫道青史男儿事，巾帼依旧写华章。在被称为"生命禁区"的青藏高原修铁路，崔欣上得来、站得住、干得好，克服了困难，经受了考验，取得了佳绩，立下了功劳，犹如高原盛开的格桑花，在新天路上绽放芳华。

## 二、率先垂范、当好公仆的重要性

### 1. 率先垂范、当好公仆是铁路企业领导干部的职业要求

铁路企业领导干部是指在铁路企业中担任领导、管理职务的工作人员。铁路企业领导干部集权力、责任、服务于一身，是铁路工作中的组织者和领导者，是人民铁路事业中的中坚力量，在铁路全部职业活动中起着承上启下的作用。他们在铁路职业活动中担负着"领衔主演"和"引领方向"的职责，必须充分发挥表率作用，正确行使党和人民赋予的权力，成为带领职工群众奋进的火车头。

### 2. 率先垂范、当好公仆是铁路职工对领导干部的殷切希望

铁路是人民的企业，领导手中的权力是人民给的。铁路企业的领导干部应该在为人民建功立业中，实现自己的人生价值。广大职工迫切期望领导干部具有开拓进取、艰苦奋斗的创业精神，热爱人民和服务人民的公仆情怀。新时期，铁路职工群众欢迎和拥戴的领导干部，不仅应当具有坚定的信念、良好的作风、廉洁的品德和开拓的勇气，还必须有实绩、有建树，真正为职工群众办实事、办好事。

### 3. 率先垂范、当好公仆是新时代对铁路企业领导干部的客观要求

建设和谐铁路，任务艰巨，迫切需要一大批德才兼备、具有开拓创新精神的铁路企业领导干部带领职工群众攻坚克难。这就要求铁路企业的领导干部立足本职，着眼发展，认真学习领会科学发展观和构建社会主义和谐社会等重大战略思想，真正树立起率先垂范、当好公仆的道德信念，把党的理论创新成果转化成为推进和谐铁路建设的实际能力，更好地为人民、为社会服务。这是时代对铁路企业领导干部的客观要求，也是铁路企业领导干部的历史责任。

**案例**

> 胡晓光，中共党员，现任中铁八局四公司副总经理。参加工作的十年间，他先后参与中铁西子香荷、峨半家园项目等房建工程，兰渝、成渝、渝利、成贵等四条高铁线共计 10 座站房工程和铁路相关工程建设。他阅历丰富，不惧困难，勤政务实，有极强的组织领导能力，既擅于宏观统筹项目管理，又擅于细节部署施工安排。他凭借自己刻苦钻研、勇于攀登的求知欲望和脚踏实地、爱岗敬业的做事态度，发扬顽强拼搏、艰苦奋斗的精神，赢得了各级领导和同事们的一致好评。他曾荣获集团公司"优秀项目经理""劳动模范"，成都局集团"先进工作者"，全国铁路总工会"火车头奖章"，贵州省"五一劳动奖章"等殊荣，是当之无愧的企业楷模。

● 热血奉献挑重担

新建成贵高速铁路乐山至贵阳段西起四川省乐山市，东至贵州省贵阳市，线路全长 632.6 千米，设计行车速度为 250 千米/小时，穿行云贵高原，被誉为"世界第一条山区高速铁路"。四公司负责该线路云南、贵州境内的威信、镇雄、大方、黔西、卫城北站等 5 座站房主体及相关工程施工任务，并任命胡晓光担任该项目的项目经理。成贵站房项目部成立初期，工期紧、任务重、施工图纸滞后，为了高效率推进项目施工进度，高标准建设项目工程，胡晓光带领项目技术人员展开全线调查，一个点段一个点段地记录，一个区间一个区间地测量，掌握了第一手翔实资料，编写出数万字的调查报告，为工程建设实施提供了可靠而有价值的数据支撑。

一线工友说，成贵站房项目标段内的每一个地方，都遍布着胡晓光的足迹。他每天坚持到一线与工人探讨问题，询问在工作中遇到的困难，在现场进行技术指导，进行施工规划，切实查找问题的根本所在。面对困难，他迎难而上，细致入微，一小点问题都不放过。他一向不惧困难、敢闯敢拼，总能给人一种坚忍不拔、奋发向上的力量。

● 科学管理铸精品

"严格管理不松手，质量标准不走样"是胡晓光长期坚持的工作原则。他常对员工们说："上岗要上标准岗，干活要干标准活。"在工程建设中，胡晓光把质量精品化管理放在首位，始终坚持"高标准、严要求"，努力打造精品站房，努力提高工程质量。无论从桩基施工、浇筑混凝土，还是安装施工、装饰施工等方面，他都严格要求员工按质量标准进行施工。他每月坚持组织召开项目经济活动分析会，对成本、收入进行准确的分析，归纳出来，形成严控成本、实现效益的分析报告。每月组织召开月度生产例会，以自身的先进经验制定科学严谨的决策部署，对施工进度进行总结和计划，对施工工期及相关配合问题进行统一。在工程建设中，他带领的团队取得了显著成效，黔西站房于 2017 年 11 月 1 日进场施工，11 月 20 日浇筑完成第一根试桩，2018 年 5 月 2 日，克服岩溶地质完成黔西站房所有桩基，2019 年 1 月 7 日完成项目五座站房主体结构全面封顶，比计划工期提前了整整两个月。

他还充分发挥技术特长，根据现场问题进行科研创新，改良施工设备，探讨工作思路，寻找了一条适合项目的建设路，有效保证了技术永远在施工前面。在接到任务后，他提前勘察施工路段，在克服地质困难、编写技术方案、调配施工资源、协调各方关系等方面做了大量工作，有效加快了施工进度，推动了工程高质量建设。

● 率先垂范树标杆

作为项目管理负责人的胡晓光，深知"正己才能正人"的道理。在工作生活中，他一贯秉持"以身作则，率先垂范"的优良作风。作为一名党员，他提高政治站位，牢筑信仰之基，时刻将党的教诲铭记在心，时刻用共产党员的标准严格要求自己，从严锤炼党性，绝不触碰原则底线，抵制各种诱惑。他严于律己，坚持原则，在项目管理中，事必躬亲，兢兢业业处理项目部各项事务，全面统筹规划项目工作。项目部成立初期，管理团队共 60 余人，大部分都是年轻人，平均年龄 28 岁，年轻缺乏施工管理经验也是一个难点。他亲自带领团队人员奔波忙碌于各施工现场，以实践为基础，言传身教，高效率地提高了团队的整体水平。他也非常关心员工，在日常工作中和同事们同吃同住同劳动，尽力帮助同事们解决生活中的困难。胡晓光以实际行动诠释了新时代劳动模范应具备的优良作风和意志品质，已然成为年轻一代工程人的标杆和典范。

胡晓光以一种中流击水的劲头，一种以梦为马的激情，勇于担当，敢于攻坚，率先垂范，实干奋进，用自己的实际行动书写着中铁八局工程人的梦，为四公司打造精品站房，实现高质量建设而努力前行。

## 三、率先垂范、当好公仆的基本要求

### 1. 树立率先垂范、当好公仆的观念

铁路企业领导干部是铁路职工队伍的普通一员，但职业的特点决定了他们必须经

常行使决策指挥权。这就决定了铁路企业领导干部要经常面对各种利益关系,使他们面临更为严峻的职业道德考验。

树立率先垂范,当好公仆的观念,要摆正领导干部与职工群众之间"公仆"与"主人"的关系。铁路企业领导必须在思想认识上,时刻牢记领导干部无论职务大小都是人民的公仆,只有人民才是企业真正的主人。要时刻把自己摆在公仆的地位上,树立权由民赋、权为民用的正确权力观。在权力运用上,自觉把职工群众放在国家和企业的主人翁地位,深入职工群众,集中职工群众的智慧,着眼于职工群众的根本利益,制定、贯彻并执行好企业的各项政策,最大限度地维护职工群众的利益。在职业活动中树立全心全意为人民服务的观念,以对党和人民高度负责的精神,关心企业的前途和命运;同时,要努力提高工作能力、提高服务本领、提高政策水平,真心实意地为职工群众服务,为职工群众排忧解难。

## 2. 密切联系群众,自觉接受群众监督

关心群众、密切联系群众是党的优良传统。同时,人民群众是国家的主人,享有管理国家事务、社会事务和各项工作的权利。铁路企业领导干部要善于深入职工群众,充分依靠群众,积极开展调查研究,贯彻"从群众中来到群众中去"的群众路线,坚持民主集中制,把铁路企业的各项决策建立在广泛的群众基础上,这是各级干部正确决策、干好本职工作的重要保证。

自觉接受职工群众监督,是铁路企业领导干部密切联系群众的重要途径。铁路企业领导干部要重视自己的一言一行,要经得起历史的检验。每一个品德高尚的领导干部,都应该懂得"难得是诤友"的道理,勇于开展批评与自我批评,敢于正视自己工作中的不足,公开反省自己工作中的失误,切切实实地加以改进。

## 3. 忠于职守、乐于奉献,做遵守和倡导职业道德的模范

率先垂范、当好公仆不是可望不可即的理想,而应当是铁路企业领导干部职业活动中时刻反映的现实。如何把率先垂范、当好公仆这一职业道德规范落到实处,转化为行动呢?

第一,铁路企业领导干部要发扬艰苦奋斗的精神,做务实创新的模范。铁路企业领导干部必须具备扎实苦干的基本功,在任何艰难险阻面前始终充溢着一种艰苦奋斗的豪情,始终正确把握铁路企业的改革方向和发展趋势,立足本职,脚踏实地地做好当前工作,扎扎实实地推动和谐铁路建设。

第二,铁路领导干部要发扬乐于奉献的精神,做廉洁奉公的模范。铁路企业领导干部必须树立崇高的理想信念,把为铁路事业、为职工群众建功立业作为自己人生最大的快乐,全心全意地投身于和谐铁路建设的伟大事业之中。在日常的工作和生活中带头坚持党的原则,发扬党的优良传统和共产主义道德风尚,慎用手中权力,事事出于公心,以高标准、严要求不断鞭策自己,做到吃苦在前,享乐在后,敬业乐业精业,

甘于奉献，以自己的模范行动感染和带动职工群众。

第三，铁路企业领导干部要自觉遵纪守法，做从严治路的模范。遵纪守法是铁路企业领导干部职业道德规范的基本要求，也是端正党风、纠正行业不正之风的强有力武器。铁路企业领导干部要带头遵守党和国家的政策法令和铁路的各项规章制度，领导干部只有带头遵纪守法，才有资格教育他人，才能有效地筑起抵御腐败的坚强防线，才能培育出一支遵纪守法的职工队伍。同时，铁路企业领导干部还必须坚决地站在党的原则立场上，以对党和人民高度负责的精神，敢于正视和处理问题，以敢于从严治路、敢于碰硬的大无畏气概，对违法乱纪、违反职业道德的人和事予以揭露和纠正，坚决地进行批评和斗争。

第四，铁路企业领导干部要弘扬正气，做倡导践行职业道德的模范。铁路企业领导干部倡导厉行职业道德，对于职工群众形成良好的职业道德风尚有极其重要的作用。铁路企业的每个领导干部都要积极倡导和培养铁路职业道德，坚持长期宣传贯彻，以正确的舆论大力弘扬、自觉遵守职业道德，营造健康向上的人际氛围，使每个职工都从中受到教育和熏陶。铁路企业领导干部要带头加强职业道德修养，经常学习、反复自省，在领导岗位上身体力行。铁路企业领导干部还要为铁路企业良好职业道德风尚的形成提供有力的制度保障，建立健全监督约束机制，建立职业道德评价制度，经常对各级干部职工执行职业道德规范的情况进行检查、考核和评价，弘扬正气，唤起良知，对不道德行为予以有力鞭挞与惩罚，使良好的职业道德行为在职工群众中形成气候，蔚然成风。

**案例**

太原站有个"改梅助困室"。这个以共和国铁路楷模、全国劳动模范史改梅的名字命名的全路客运系统知名服务品牌，9年来已累计为25万名旅客提供了周到细致的服务。"爱心献旅客，服务无止境"的改梅精神感动着无数旅客。

在大同站"001助困室"，大到轮椅等医护器械，小到水杯、针线包等日常用品，旅客急需的物品应有尽有。"安全，路风零缺陷，服务旅客零距离；把了解旅客需求、解决旅客困难、保证旅客满意作为第一要务"，冠名"001"的爱心驿站、服务台和助困室早已成为广大旅客心里的知名品牌。

每一个品牌都是太原局干部职工努力工作让人民群众满意的结晶。太原局领导班子深深感到，在践行"以服务为宗旨，待旅客如亲人"理念的过程中，品牌的推动力是难以替代的，在口口相传中形成的信誉度是其他因素不可比拟的。因此，必须把服务品牌建到每一个岗位，在全局形成站站有品牌、车车有品牌、岗岗有品牌的服务格局，将客运职工队伍打造成一支优质服务"梦之队"。

"亲，坐火车回家，行李多要帮忙不？孩子老人要特护不？发信给我哦！"这是太原站客运员孙慧的一条微博信息。这位"360 服务法"的创始人，在个人微博上用幽默的网络语言，拉近了与旅客的距离，聚起了超高人气，赢得了大批年轻旅客的好评。

"做一次普通旅客，当一天客运职工。"太原客运段领导班子和中层干部在换位思考中了解服务需求、把握服务真谛，推动了 19 个车队、187 个乘务班组"一队一品牌，一车一亮点"特色服务品牌的形成。

"缩短的是旅程，延伸的是服务。"运行在石太客运专线上的动车组在传递浓郁的"三晋"文化风情的同时，也让"晋韵温情、陆地奇葩"的动车品牌深入人心。

"亲如一家人，情如一家人。"太原客运段包石车队通过"来有迎声，走有送声，重点旅客有询问声"等服务方式，增进了与吕梁革命老区群众的感情。旅客把列车当作"老区人民的暖心车"。

老品牌历久弥新，新品牌亮点纷呈。"阮芳热心姐姐"工作室，"票务专家"小新服务台，"动车党员姐妹花"付晓娟、蒲婷婷，"民警哥"刘春灏，"史恩礼乘警组"等不断涌现。在新老品牌的良性互动下，越来越多的服务品牌进入"梦之队"行列。

## 【思考题】

1. 率先垂范、当好公仆的含义是什么？
2. 率先垂范、当好公仆有哪些基本要求？

## 【活 动】 帮助他人，快乐自己

1. 活动目的

客观认识自我，感悟铁路职业道德，体验铁路职业道德对职业生涯的意义。

2. 活动实施

（1）利用节假日、课外时间在校园内外争做好人好事，体验帮助他人的乐趣。
（2）在课堂上做主题发言，谈谈如何做一名人民的公仆，如何实现自己的职业目标。

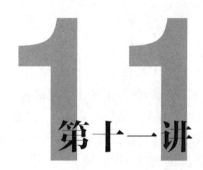

# 第十一讲

# 铁路职业道德修养

> 夫君子之行，静以修身，俭以养德，非淡泊无以明志，非宁静无以致远。
>
> ——诸葛亮

## 【问题聚焦】

第四届全国道德模范、铁路"最美青工"、武昌南机务段机车乘务员刘洋"铁肩担起忠和孝"的先进事迹和高尚情操，汇聚起铁路发展的强大动力和正能量。

2013 年 6 月 18 日，对于年轻的刘洋来说是一生中刻骨铭心的日子，在外打工的父亲全身 96%的皮肤重度烧伤，生命垂危，需从直系亲属身上取皮做皮肤移植。虽然知道大面积取皮存在风险，但刘洋与哥哥都试图说服对方用自己的皮肤去挽救父亲。为此，兄弟二人先后三次为父亲做了植皮手术。同时，刘洋还瞒着家人低价卖掉了自己刚买几个月的新房，房款全部用于父亲的治疗。

"作为儿子，'割皮救父'是我应尽的孝道，天经地义；作为火车司机，安全正点开好每一趟车，是应尽的责任，责无旁贷！"刘洋质朴有力的发言，震撼着每个有良知人的心。我们感动于他对工作的执着，对岗位的热爱，对事业的奉献，对业务的钻研精神；感动于他"羊羔跪乳"的道德和良心；感动于他"割皮救父"的真情和无私，他用青春和梦想诠释了新一代铁路人的人生价值。

2008 年毕业后，刘洋通过层层选拔，成为武汉铁路局武昌南机务段一名光荣的火车司机。在同一批毕业生中，他第一批考取司机驾照，第一批通过单独鉴定，成为车队最年轻的司机。短短 5 年的时间里，他立足岗位，值乘任务 800 余趟，安全行车 20 余万千米。

机车乘务员是行车关键岗位，从学员、副司机到司机，每个级别的晋升，都需要理论和操纵技能的层层考核。刘洋虽是同批学员中个头最矮的一个，但他却是专业技术学得最扎实的一个。"这个小伙子不错，总是闲不住！我肚子里这点'货'早就被他掏空了。"师傅游民贤在学习司机评鉴会上这样评价刘洋。

"成为火车司机是我从小的梦想，我非常珍惜我的岗位。"火车司机安全责任大、工作纪律严、休息时间少，无法照顾家庭。为了千万旅客的团圆，家住湖北黄陂的刘洋没在家过过一次春节。

"现在的岗位，我不仅珍惜，更是敬畏。担负着整列列车旅客的生命安危，我的工作不容任何闪失。尤其在经历了父亲的事情以后，我更加懂得了生命的意义。"5 年来，刘洋先后完成各项特运、专运任务 18 趟，节假日临客 52 趟。他平均每月行车 23 趟，在繁重的工作任务面前，始终保证操纵平稳、安全正点。

刘洋的感人事迹是传统孝道故事的现实版。没有谁能随随便便成为英雄。刘洋同志的事迹不是偶然，而是他平时思想上进，勇于担当，积极进取的必然结果。很难想象一个不爱父母的人会爱他人、爱人民，一个不爱岗敬业的人会爱祖国、爱社会。大爱有担当。对家庭有担当，对社会有担当，对事业有担当，体现的是家庭美德、社会公德、职业道德的完美统一。

### 【思考园地】

1. 刘洋为什么能够具有"铁肩担起忠和孝"的道德修养？
2. 进入铁路行业工作，我们应该如何培养铁路职业道德修养？

### 【学习探究】

## 一、加强职业道德修养的重要性

### 1. 铁路职业道德修养的内涵和目的

道德修养是一个人的立身之本，也是从业者的立业之本。修养是一个合成词。"修"，原意指学习、锻炼、陶冶和提高；"养"，原意指培养、养育和熏陶。所谓修养是指一个人的素质经过长期锻炼或改造所达到的一定结果和水平。

所谓的职业道德修养，就是指从事各种职业活动的人员，按照职业道德基本原则和规范，在职业活动中所进行的自我教育、自我锻炼、自我改造和自我完善，使自己形成良好的职业道德品质和达到一定的职业道德境界。

职业道德修养的根本目的在于培养人高尚的道德品质。也就是说，每个从业人员都应当在职业实践中把职业道德的基本规范自觉地转化为个人内心的要求和坚定的信念，进而逐步形成良好的行为和习惯，使自己成为一个具有高尚职业道德的人。良好道德品质的形成，既离不开社会实践活动，更离不开个人对自己的严格要求和自觉意识。

为了提高和完善从业人员的道德品质，一般采取内外结合的方式。

一是进行职业道德教育，即社会的培养和组织的教育。

二是加强职业道德修养，即通过自己的主观努力，提高自身的修养。职业道德品质要达到较高的境界，关键在于"自我努力"。如果一个人外因很好，有优良的社会环境，有学校单位的培养教育，有家庭的良好熏陶，但本身无动于衷，那么，他的进步必然是有限的。

职业道德修养是一种自律行为，任何一个从业人员职业道德素质的提高，一方面靠他律，另一方面靠自律，两个方面缺一不可，但相对而言，后者更加重要。

### 案例

徐前凯是中国铁路成都局集团有限公司重庆车务段荣昌站车站值班员。2017年7月，他因勇救横穿铁路的老人失去右腿。2017年9月，他获得第七届全国道德模范荣誉称号。

2017年7月6日，徐前凯像往常一样进行调车作业，指挥着车列推送前进。大约行进到车站联络线道岔处时，他突然发现前方不远处一位老人正准备横穿轨道。

15米、10米、8米……火车距离老人近在咫尺，情况紧急。徐前凯来不及多想，纵身跳下车，一个箭步冲上去，拽住老人的手臂往外拉。老人被突如其来的举动吓蒙了，下意识挣脱。

这时，列车在惯性作用下继续滑行，生命危急，徐前凯跨步上前，用力抱住老人，使劲往后一倒，就在此刻，车轮从他来不及抽回的右腿碾过……

被送到医院后，老人并无大碍，而徐前凯的右腿需要高位截肢，后经鉴定为三级残疾。

为了早一天重新站起来，截肢手术后十天，徐前凯就躺着举起了哑铃，开始练习手部力量，进行康复治疗。第十八天，在父亲的搀扶下，拄着拐杖开始试着走路。每一个动作都拉伸着他受伤的神经，他都咬牙忍住，为重新站立、重新自理，重新成为生活的强者奋力付出。

坚毅的性格、良好的心态，不仅让徐前凯重新站了起来，更让他很快收获了爱情。2018年8月17日，徐前凯和爱人登记结婚。如今，他的孩子出生了，徐前凯说，有了家、有了爱人、有了孩子，身上又多了份责任，他要做儿子的榜样。

徐前凯告诉记者，现在孩子还小，对很多事情还没有概念。等孩子长大记事了，他会把自己这段经历认真地讲给儿子听，从小就培养儿子助人为乐、见义勇为的品德，不论是在什么样的工作岗位，都要努力干出不平凡的业绩。

> "救人的举动是发自本能、出于本心的选择，我从来没有把自己看作一名'英雄'，更没有丝毫后悔。"徐前凯说，作为一名铁路人，他现在最大的愿望就是自己恢复得更快一些，早日重回工作岗位，为广大旅客的安全出行做出自己力所能及的贡献。

2. 加强铁路职业道德修养的意义

"玉不琢，不成器"，加强职业道德修养是为了培养良好的职业行为习惯，提高职业道德素质，为未来的职业生涯奠定良好的基础。进行职业道德修养，对于每个从业者来说都具有重要的意义。

（1）职业道德修养是提高职业道德水平的必由之路。

一个从业者良好的职业道德品质，不是先天就有的，而是在长期的职业活动中逐步形成的。要使自己成为一个道德高尚的人，关键在于在职业生活中能够按照职业道德原则和规范，自觉地进行职业道德修养，从而不断提高职业道德水平。实践证明，凡是事业成功的人、道德品质高尚的人，都是自觉进行职业道德修养的人。

### 案例

> 他是全国铁路火车头奖章"中国好人"的获得者，他是中共铁路总公司优秀共产党员，他是内蒙古自治区道德模范，他2017年荣获中华全国总工会春运"情满旅途"个人先进，他获得过全国职业道德建设先进个人、中华全国总工会"工人先锋号"、内蒙古自治区学雷锋活动示范点等荣誉，更有一支以他的名字命名并由他担任队长的"峻屹爱心服务队"，他就是中国铁路呼和浩特局集团有限公司呼和浩特站东胜东站副站长——李峻屹。
>
> 想做好服务工作，需要面对的第一关就是当好旅客的"出气筒"。李峻屹从1993年踏上铁路客运岗位，25年如一日地一心为旅客服务。他把"孙奇精神"当作自己的标尺。学业务、练礼仪、找窍门，在多年的旅客服务过程中总结经验、寻找不足，不仅仅把服务旅客当作工作，更是把工作当作一种快乐，他要让"孙奇精神"发扬光大。
>
> 俗话说，锦上添花不是情，雪中送炭才是爱。李峻屹在2014年春运的时候，在呼和浩特站成立了"峻屹爱心服务队"并担任队长，成立初期由于队员们工作经验不足，遭遇到诸多困难，但是李峻屹和队员并没有气馁，通过不懈的努力，用实际行动践行"爱心相助、情暖旅途"的服务承诺。他们用实际行动传承着"孙奇精神"，李峻屹带领着他的队员们更是总结出了"责任多一点、微笑多一点、耐心多一点、奉献多一点、爱心多一点"的"五个多一点"服务理念、七项服务措施及"6S"服务品牌等一套服务"秘诀"。"峻

屹爱心服务队"成立4年以来,累计帮扶旅客近万人次,收到锦旗30多面、表扬信上百封、表扬意见近千条,与600多名重点旅客保持长期联系。他们用"大爱"滋养着这片草原。

默默地付出这么多年,李峻屹把帮助别人作为自己最开心的事儿来做。李峻屹的"大爱"不仅仅表现在工作中,他还经常参加社会公益事业。他常参加义务献血、扶危助困、敬老爱幼等公益活动。同时,他还义务资助托克托县双河镇第二小学10名贫困家庭的学生,并定期上门看望,帮助孩子们解决实际困难。孩子们亲切地称他为"峻屹爸爸"。在李峻屹的影响和带动下,"峻屹爱心服务队"也积极参与社会公益活动,累计为贫困学生提供7 000多元助学金和数不清的学习用品。

服务之花盛开草原,铁路榜样屹立潮头。随着铁路的日益发展,面对新环境、新考验,客运工作者更是要向李峻屹同志学习,并自觉主动地加入这个传播"大爱"的队伍当中。铁路服务,终究是让人有获得感的服务,为了广大旅客的出行更为舒适、贴心,就要以李峻屹为榜样,用加法的方式善待旅客,用减法的方式对待抱怨,用乘法的方式回馈感恩……

李峻屹在职业活动中自我教育、自我改造和自我磨炼,才使自己形成良好的职业道德品质。

(2)职业道德修养是个人进步和成才的重要条件。

每个企业都有一个起码的用人标准,就是"德才兼备":"德"是要求品德高尚,有责任感;"才"是要求工作水平高,有能力。一个人只有提高思想道德境界,有很强的责任心,在工作中才会产生激情,才能忠诚于自己的事业,才会有奉献精神,才会取得一定的成就。无论做什么工作,意识到自己的责任才能每天处于最佳状态,积极投入地工作,综合能力才能够充分发挥出来。在某种程度上讲,责任胜于能力。现实生活中存在这样一些人,他们有能力,但不愿承担责任。这些人无法创造出与能力相匹配的价值,只能称得上有能力的庸才。当然,强调责任并不意味着忽视能力,只有德才兼备,才能取得进步和成功。

### 案例

2013年9月,原铁道部运输局副局长兼营运部主任苏顺虎涉嫌受贿2 490余万元案开庭。苏顺虎曾任昆明铁路局副局长,其后在沈阳铁路局工作,因工作表现出色,得到重用和提拔。

庭审最后阶段,苏顺虎声泪俱下地表达了忏悔之情。他说,他生于一个贫苦的家庭,上小学的学具是靠自己捡破烂卖钱获得的。上高中时,为了不增加家庭负担，从来没在学校食堂吃过饭，只吃从家里带来的咸菜……苏顺虎哭着说，他一步步走到领导岗位，却在"晚年放松学习，走上了犯罪道路"，他对不起党、国家、人民及同事和家人，请求法院给他重新做人的机会。

上述实例说明，一个人道德品质的形成，既不能离开一定的社会环境和物质生活条件，也不能离开生活实践和道德修养，而自觉锻炼和主观努力是养成良好道德品质的关键所在。

（3）职业道德修养是职工入职前准备的基础。

青年学员风华正茂，即将进入铁路工作，踏入社会。青年时期是人的黄金时代，每个学员都要珍惜时光，在专业和技能上要精益求精，掌握为人民服务的本领。同时，还要进行职业道德修养，在思想上高标准、严要求，不断提高职业道德水平，培养自己的高尚道德品质，这样才能在职业生活中发出光热，做出贡献。为了达到这个目的，每个学员不仅要了解和掌握职业道德原则和规范，而且要把它变为自己的内心信念，并以此指导自己的行为。通过不断提高职业道德修养，为未来职业之路奠定基础，成就自我，成就事业，实现价值。

**资料卡片**

职业道德修养的基本内容：

（1）自我教育。

（2）自我完善。

（3）自我锻炼。

（4）自我改造。

（5）自我培养先进的职业道德和达到更高的职业道德修养境界。

## 二、提高职业道德修养的途径和方法

### 1. 铁路职业道德修养的内容

"知、情、意、信、行"既是道德品质的构成要素，又是道德品质的形成过程。一般来说，职业道德修养的内容，主要包括职业道德意识和职业道德行为的修养。具体分为职业道德知识、情感、意志、信念和行为习惯五个方面的内容。职业道德是认知前提，道德情感和道德意志是动力，道德信念是核心，道德行为习惯是结果。一个人只有做到道德信念、道德行为的统一，才能表明其具备了某种道德品质。

在铁路大发展的新形势下，铁路从业人员的职业道德修养主要包括以下内容：

（1）树立职业理想。职业理想是个人对职业的向往和追求。一个人只有树立正确的职业理想，才会有正确的价值观和职业道德修养的自觉性，才能在职业活动中处处做有心人，利用一切机会锻炼自己。树立正确的职业理想应当从以下三个方面来努力：一是树立正确的人生观，以科学的理想为指导，不断校正人生航向，进而确定正确的职业理想；二是充分认识自己所从事的工作的意义，对工作意义认识越深刻，职业道德修养的自觉性就越高；三是正确认识自己，找准个人职业理想的切入点，以主人翁的态度对待本职工作。

（2）端正职业态度。一个人的职业道德水平必然体现在其对工作的态度上，具有良好职业道德的人，必然对本职工作充满热情，劳动态度端正，在工作中兢兢业业，尽职尽责。

（3）精通职业技能。精通职业技能是做好本职工作、胜任本职工作的重要条件。铁路职工应该把认真学习，不断提高业务技能水平，作为职业道德修养的重要内容。

（4）明确职业责任。每一个从事职业工作的人，都对国家、社会和企业负有相应的职业责任。只有牢固地树立起职业责任意识，才可能有自觉的职业道德行为。铁路职工必须把职业责任看得重于泰山，忠于职守，尽职尽责，做好自己本职岗位上的每一项工作。

（5）严格遵守职业纪律。职业纪律是为确保企业顺利运转而制定的行为规范。铁路职工遵守职业纪律既是确保铁路运输安全顺利的要求，也是铁路职业道德的重要内容。

（6）保持职业荣誉。铁路职工要时刻想着用自己的出色工作，为铁路职业增荣誉添光彩。

### 案例

　　广铁集团武汉铁路局大修车间张艳平同志是车间二工区工长。他热爱工作，关心职工，无论是在原提速工班，还是现在的二工区，他都身先士卒，带领职工为车间的安全生产做出了贡献。

　　张工长所带的工班一直承担着车间路基大修和清筛换枕的大型施工任务，工期短、劳力多、作业点广，安全工作是头等难题。张工长在每项施工前都做了精心准备，制订施工方案，确定施工标准和安全环节，他还坚持每项施工前对民工做安全教育。因为他一直把"安全就是效益"当作座右铭，无论如何困难，他都要坚持底线，为此他得罪了许多职工，但每次他都能劝服别人，牢牢遵守各项安全规章，其安全管理得到了车间的肯定。

　　注意安全，但绝不马虎质量。同安全一样，生产方面他也有一句口诀："质量就是生命"。路基大修工作常常是将路基原有状态全部更改，如果在中间的施工环节或是施工后的整修方面做得不好，就会破坏线路的稳定，给安全造成隐患。为此，每项施工前，他都要仔细核定技术数据，同时传达给每个监控职工，督促他们抓好施工技术标准。有一次，职工带班，其所在民工队是他老乡，在进行垫碴作业时，没有按规定开挖深度，被张工长发现，他立即组织人进行了返工，同时在晚上召开了分析会，令带班职工停工三天反省。

抓好安全生产的同时，他也十分关心职工的生活，通过观察和谈心等方法，他掌握了每个职工的家庭情况以及存在的困难，并将它们一一记在自己的手册中。职工肖铭在家休息时不慎扭伤，他第二天就赶到了医院探望；职工李家旺因长期在外上班，和家人团聚少，经常和妻子吵架，他亲自赶到其家中和他家人促膝长谈；江岸调来的职工抱怨休四天只能在往返的路上，他请示车间为他们安排了半月一休。他无时无刻不在为职工谋福利，职工们在被他关心的同时也自然地凝聚到他周围，大家团结一心，东征西战，发挥了巨大的战斗力。

张艳平同志对待职工非常热情大方，对待自己却非常严格。由于武九线提速扩能，京广线提速改造等各项施工都非常紧张，车间也是到处征战。十月份时，由于严重风湿，张工长脚疼得不能走路，被车间刘主任强行推回家休息。仅仅过了三天，他就自己又跑了回来，尽管走路还是一瘸一拐的，但他仍然是走在最前面，从武九到京广、从汉口到咸宁。从四月到十二月，他一天都没有休息，带领着工班全体职工奋战了一个又一个日夜。张艳平同志绝对是一个恪于职守的人，是车间在安全、生产方面的标兵！

2. 增强铁路职业道德修养的途径和方法

（1）学习马克思主义理论和职业道德基本知识。

马克思主义理论对个人价值观、职业观、思想品质、道德品质的形成和发展具有重要的指导作用。

马克思主义理论中许多关于道德以及职业道德的科学观点，是职业道德修养的指针。通过学习马克思主义基本理论和基本知识，明确为什么这样做、应该怎么做，加深对社会主义职业道德理论、原则和规范的理解，有利于树立科学的世界观、人生观和道德观，明确职业道德修养的目标，把握职业道德修养的标准，从而提高进行职业道德修养的自觉性，使职业道德意识转化为职业道德修养。

**案例**

"干这个工作是一种光荣，更是一种责任和压力，稍不注意就会出问题，必须时刻绷紧安全生产的弦，虽然干得有些吃力，但它给我带来了快乐，我会在学习中一直干下去。"说这话的，是共产党员、上海铁路局徐州电务段徐州信号车间夹沟信号工区工长，铁路系统全国五一劳动奖章获得者武学。

电务设备更新换代快，并非科班出身的武学带头苦学，既向书本学，也向周围的同事学，并参加段里组织的各种培训。因此，他的业务技能提高很快，逐渐成为车间乃至段里的业务尖子。

勤于学习的武学还善于思考。在京沪线精品站建设中，他率先提出在管内更换提速道岔滚动式锁闭框、基础钢板改椭圆眼、增加减震装置、区间改造四端电容、安装辅助线冗余设备、轨道电路区段更换防腐线等合理化建议，从根本上提高了设备运用质量。

精检细修是武学的法宝，他将心思全都放在辖区内电务设备的养护维修上，和7名工友一起"呵护"着信号灯。武学担任工长6年以来，夹沟信号工区从未发生设备故障。他也由于成绩突出获得了火车头奖章等荣誉。

（2）学习先进，激励自己。

祖国建设的不同时期涌现出来大量的先进人物，他们在各条战线上做出了平凡而伟大的工作业绩，是我们学习的榜样。榜样的力量是无穷的，无论是售票员孙琦，还是火车司机鞠波，他们的共同特点就是热爱祖国，品质高尚，苦干实干，不计名利，立足一个岗位就在这个岗位上无私奉献自己的光和热。我们要用他们高尚的品德和执着的敬业精神不断激励和鞭策自己，以提高自己的职业道德修养。

案例

张卫东，青藏集团公司拉萨车务段拉萨西站党支部书记，一个面容清朗、身板挺拔的48岁汉子。在近30年的风雨磨砺中，他一步步成长为身怀绝技的岗位标兵，先后获得青藏集团公司先进个人、优秀共产党员、优秀党务工作者及"新时代·铁路榜样"、西藏自治区五一劳动奖章等荣誉。

"我一定要比别人干得好。"1992年底，张卫东婉拒部队领导的挽留，进入铁路系统，在格尔木车务段工作。无论是当学徒时的定职考试，还是每一次技能鉴定和技术比武，他的成绩一直稳居全段三甲。

2005年10月，张卫东在简陋的拉萨西站货场，看着堆积如山却迟迟无法出场的货物，萌生出一个大胆的想法，瞒着家人递交上拉萨货场上班的申请。2006年初，在青藏铁路全线开通前，他来到拉萨西站，成为最早一批进藏的货运员之一，奔波于拉萨西和那曲两站之间，进行大件物资的装卸测量。

2008年，张卫东开始担任拉萨西站货运丙班班长。在他的带领下，丙班每日的车皮装卸量超过前两个班组的总和，至今保持着拉萨西站开站以来最多35个车皮的日装卸纪录。

"张师傅接管货场后，我们取货的时间大大缩短，也更加方便了。"说起张卫东，来自成都的物流老板杨顺竖起了大拇指。

2014 年底，张卫东被破格提拔为拉萨西站货运车间主任。他开始在拉萨西站首推 24 小时服务承诺，建起了货主微信群，设计专门的提货证明表格等，彻底改变拉萨西站货场货物积压如山的现象，许多企业纷纷上门寻求合作。

目前，拉萨西站已与本地 16 家企业和 50 多家物流公司建立长期合作关系，货物发送量由当初的 5.56 万吨增至 55.19 万吨，增幅达 899.2%，真正成为藏区物流运输的"桥头堡"。

向先进人物学习时，一是要有"信心"，消除"先进人物高不可攀"的片面观点；二是要有"诚心"，不要用市侩的眼光看待先进人物，把他们高贵的牺牲精神说成是"冒傻气"；三是要有"虚心"，不能在先进人物身上专找缺点，不愿学习他们的好思想、好作风；四是要有"耐心"，达到先进人物的境界是不容易的，要经得起"苦""累"和时间的考验。在他们的表率作用和高尚精神的感召下，通过内心世界的消化和吸收，一定能够提高我们的职业道德水平。

（3）参加社会实践，坚持知行统一。

积极参加各种社会实践和职业活动实践，在实践中刻苦磨炼自己，坚持知行统一，这是提高职业道德修养的根本途径和方法。在社会实践中，我们要把学和做结合起来，把学到的职业道德知识、职业道德规范运用到实践中，落实到职业道德行为中，以正确的职业道德观念指导自己的实践，理论密切联系实际，学做结合，知行统一。社会实践是培养良好职业道德修养的大课堂，离开社会实践，既无法深刻领会职业道德理论，也无法将道德品质和专业技能转化为造福人民、贡献社会的实际行动。因此，应该投入火热的社会实践中去，在实践中锻炼，在实践中成长。

在职业技术培训中，为了提高学员的思想和业务水平，以适应未来工作的需要，实践训练是一个不可缺少的环节。很多先进人物的高尚职业品质都是积极参加社会实践，在实践中刻苦磨炼的结果。

案例

2006 年 6 月，斯朗卓玛刚到拉萨站报到的时候，正值青藏铁路开通运营初期。怀着一颗强烈的事业心，她忘我地投入到工作中，总想多做些什么，不是挑头张罗举办职工藏英双语培训班，就是放弃休息去车站替岗帮忙。她这个闲不住的习惯至今未改。

近 6 年里，斯朗卓玛勇于接受不同岗位的挑战，从进站引导、检票、贵宾接待、旅客乘降组织、售票、进款管理、票据管理、计划管理、售票组织到客运班组助理值班员、售票班组值班员、客运车间干事、兼职团委副书记、兼职客运运转党支部委员以及女工委员，在每一个岗位上，她都认真学习、

128

仔细领会，做得有模有样。由于工作出色，她先后获得了火车头奖章等荣誉和铁道部优秀共产党员、西藏自治区三八红旗手等称号。

调入车间工作后，斯朗卓玛把丰富的现场工作经验融入客运管理工作中，摸索出"一听四看两卡死"检票法：通过听旅客声音，看旅客的唇色、面色、神情是否异样，旅客走路的姿态是否正常，旅客所持车票是否正确，"旅客健康登记卡"是否填写完整；对无票旅客和未填写"旅客健康登记卡"的旅客坚决卡死，确保旅客高原旅行安全。在旅客运输高峰期，她总是早早来到候车室，一字一句为旅客讲解"旅客健康登记卡"的填记方法以及乘车须知，并引导重点旅客提前进站上车。到了放行时刻，她经常帮农牧民旅客扛起一件件大行李，跑前跑后。

（4）从我做起，从现在做起。

想成为一个有职业道德修养的人，并不是通过一两件事情就能做到的。只有在平凡的日常工作生活中，从点点滴滴做起，通过长期积累，才能逐步培养、形成优秀的道德品质。因此，在道德修养中，要从我做起，严格要求自己。职业道德修养是一辈子的事情。只有脚踏实地，一步一个脚印地从现在做起，从点点滴滴的平凡事情做起，坚持不懈，才能养成高尚的品格。久而久之，就会养成一种道德习惯，逐步形成共产主义道德信念和品质。这样，在关键时刻才能挺身而出，做出不平凡的伟大业绩。

职业道德修养是一个长期改造自己、完善自己的过程，而这个过程可以从养成良好的行为习惯开始。古人说，合抱之木，生于毫末；九层之台，起于累土；千里之行，始于足下。勿以恶小而为之，勿以善小而不为。这都是说一个人良好的行为习惯是从一件一件小事做起的，如果一个人连一件有利于社会和他人的小事都做不到，那么就不会有强烈的社会责任感和无私奉献精神，良好的职业道德品质和崇高的精神境界更无从谈起。

**案例**

率先实现安全牵引客运列车800趟、1 000趟、2 000趟，一直到如今的"百安赛"纪录3 700趟，安全行车200多万千米，防止了多起行车事故发生……成绩的取得并非易事，这一切都源于毛军多年的坚持和不懈的付出。

毛军是济南铁路局济南机务段济南客运车间的一名货车司机，铁路系统全国五一劳动奖章获得者。作为一名机车乘务员，毛军在行车时坚持做到"标准化作业绝不走样、严格遵守规章绝不变样、苦练技术不搞花样、安全生产争当榜样"。

为了确保旅客生命安全，毛军时刻注意收集各类行车事故的资料，并认真分析事故发生的直接原因及根源，引以为戒。在某次出乘时，毛军了解到某机车乘务员在送车底进站后，忘记将换向手柄复位。回到单位后，他一直记在心里，认真反思自己在以往的操作中，是否有类似的错误，并提醒同事不要犯类似的错误。

通过多年的行车实践，毛军为自己制定了"对机车技术状态有数、停车标志有数、牵引辆数有数、命令达示有数"的规则，总结出了"五多"工作法——"出乘命令达示多校对一遍、检查机车多看一眼、启动机车多问一声、行车之中多想一想、退勤之后多总结一下"，坚持做到安全行车、一刻不放松。

为确保安全，毛军经常自备工具，注意随时检查机车、排除故障。在工具兜里，他经常放一些铁丝、棉布条等物品，以备在机车运行途中急用。

养成良好的行为习惯，是职业道德修养的基础，是一个人在社会中的立身之本。一个人也只有养成良好的行为习惯，才能确立正确的人生观，才能自觉进行道德修养，形成良好的道德品质。平时生活中不注重"小节"的人最终往往会失去"大节"。

（5）展开批评与自我批评。

道德评价，简单地说，就是一种善恶评价。它从某种既定的或为某一社会、群体、集团、阶级所认同的道德价值准则出发，对人们的行为做出正当与否的评价。

道德评价包括两个方面：一是道德的社会评价，也就是社会的道德舆论，是外在的压力；二是道德的自我评价，也就是人们对于自己行为所做的良心上的检查，这是内在压力。开展批评与自我批评是从业人员进行职业道德修养的重要方法。古人云：人非圣贤，孰能无过？我们要做严于解剖自己、勇于自我批评的人。

（6）提高精神境界，努力做到"慎独"。

"慎独"是指在没有外界监督个人的情况下，也能自觉遵守道德规范，不做任何对国家、对社会、对他人不道德的事情。它既是一种重要的道德修养方法，又是一种崇高的精神境界，它是衡量一个人道德觉悟和思想品质的试金石。"慎独"是自觉道德意识的体现。

在现实生活中，人的一言一行、一举一动不可能时时处处受到他人监督，所以，只有自律，防微杜渐，才能"慎独"自守，把握自己，从而逐步达到较高的道德水平和道德境界。

一个人要真正做到"慎独"是很不容易的，需要经过长期的、艰苦的自我锻炼，要时时、处处、事事严格要求自己。培养"慎独"精神，要在隐藏、微细的地方下功夫，大处着眼，小处着手，防微杜渐。还要特别重视自制能力的培养，随时随地用职业道德规范严格要求自己的行为，始终如一地坚持自己的职业道德信念。

慎独，就是人们在一个人独处、无人监督之时也能做到谨慎不苟。慎独是一种道德修养，是一种认真负责的态度，是一种敬业精神的体现。

### 案例

　　某地某铁路单位盯岗干部在现场检查时发现这样两种情况：一名货检员在作业中只打检查标记，对车上松散的篷布视而不见，当他发现盯岗干部在场时，马上转身进行整理；而另一名货检员在夜间作业时，尽管检查的是一列空车，却严格执行规定的作业标准，直至检查完毕才回到休息室。如果安全生产中大家都能像后者那样做到"慎独"，严格要求自己，就会少发生许多违章违纪事故，就能排除许多事故隐患。

　　目前，我们面临的安全形势还很严峻，任务还很艰巨。作为一名铁路职工，应当增强安全意识和责任意识，在各自岗位上自觉做到"慎独"，严格执行各项规章制度和作业标准，变"要我保安全"为"我要保安全"。任何时候，我们都要做到领导在和不在一个样，有人检查和无人检查一个样，只有这样，确保安全生产才不会成为一句空话。

### 【思考题】

1. 什么是职业道德修养？
2. 提高铁路职业道德修养的途径和方法有哪些？
3. 职业道德修养对个人发展成才有什么重要的意义？

### 【活 动】

1. 活动目的

以"做一名合格的铁路人"为主题进行讲演比赛，以把握铁路职业道德修养的重要性及养成的途径和方法。

2. 活动实施

（1）走进企业或实训场，通过师傅和教师了解、收集、整理与本专业相关的行业职业道德修养材料。

（2）全班每位同学都要写一篇讲演稿，各小组推荐一到两篇参加全班比赛，评出优胜者。

# 第十二讲

# 铁路职业生活中的法律规范

## 【问题聚焦】

铁路是国民经济的大动脉，是我国交通运输的重要组成部分。铁路不仅对发展工农业生产和满足人民日常生活的需要有积极作用，而且对沟通城乡联系，加强内地和沿海地区的经济合作，巩固我国国防都有十分重要的作用。

到 2020 年，全国铁路营业里程达到 15 万千米，其中高速铁路 3 万千米，复线率和电气化率分别达到 60% 和 70% 左右，基本形成布局合理、覆盖广泛、层次分明、安全高效的铁路网络。

到 2025 年，铁路网规模将达到 17.5 万千米左右，其中高速铁路 3.8 万千米左右，网络覆盖进一步扩大，路网结构更加优化，骨干作用更加显著，更好发挥铁路对经济社会发展的保障作用。

依法治企是铁路企业贯彻"四个全面"战略布局的基本要求。铁路企业开展依法治企意义深远，不仅关乎国家经济的发展，而且涉及人民群众的日常生活。必须自觉把依法治国的要求落实到企业管理的全过程，加快推进铁路法治建设。这既是贯彻"四个全面"战略布局的基本要求，也是践行"四个全面"的具体体现。

依法治企是加强铁路企业经营管理的必然选择。依法治企首先是依法管理，要善于利用法律手段调节企业管理中的各种关系。如何理顺各种生产经营关系，如何提高作业流程的运行效率，如何平衡员工间的利益都是铁路企业管理的重要任务，这些管理任务的完成，离不开法律的支撑。法律作为调节社会各种关系的行为规范和行为准则，必然适用于铁路企业管理的每一项活动之中，铁路企业的各项管理制度和管理措施必然是法律法规的具体体现。因此，依法管理已经是铁路企业管理的重要原则之一，加强铁路企业管理离不开依法治企。

依法治企是确保铁路企业安全稳定的现实需要。铁路是国民经济的大动脉，也是国民出行的重要交通工具，关系着国家和人民的生命财产安全。一方面受国际恐怖势力的影响，铁路作为反恐防暴的重点领域，加强站车和沿线治安综合治理、保障人民生命财产安全的任务繁重、压力巨大。另一方面由于铁路企业内部一些干部职工缺乏安全意识，粗放管理、经验主义现象依然存在，违法指挥、违章蛮干、违规操作导致的人身伤亡事故和铁路交通事故仍时有发生，不仅影响了铁路企业的改革发展，而且影响了社会安全稳定。因此，必须保持高压态势，依法严厉打击和整治各类危害铁路运输安全和群众生命安全的非法违法行为，维护铁路安全稳定的良好局面。

依法治企是维护铁路企业合法权益的重要保障。在铁路改革发展的新形势下，铁路企业防范法律风险、维护合法权益的内在需求在不断加强。随着我国进入经济发展新常态，人民群众对改善生活条件、增加工资收入、解决现实困难等热点问题的关注度不断升温，由于经济问题、社会问题等引发的涉及铁路的矛盾不断显现，法律纠纷呈明显增多趋势。随着铁路建设大面积推进，涉及铁路建设融资、合资铁路缴纳税以及征地、压矿补偿等问题呈现多变性和繁杂性，亟待进一步完善和加强铁路法律法规体系。因此，铁路企业必须创造性地将法治融于管理之中，创新依法决策机制，改进依法经营形式，完善依法保护方式，强化依法维权手段。这样的管理不仅体现了依法治企的管理思想，而且更能发挥依法治企的作用和价值。

依法治企是落实铁路企业"走出去"战略的必由之路。党和国家站在世界经济发展高度提出"一带一路"倡议，开启了我国产能转移和产业升级的新征程。在"一带一路"的大构想、大布局背景下，铁路作为区域经济互联互通的重要纽带，必将迎来新的发展机遇期，加快"走出去"的步伐。按照我国把铁路"走出去"上升到国家意志的战略部署，铁路企业必须尽快转变管理方式，积极推进依法治企。通过依法治企，进一步加强重大决策法律论证、合同管理和规范性文件合法性审查，为规避法律风险提供保障。通过依法治企，让干部职工了解更多法律知识，掌握知识产权、服务贸易等方面的法律问题，为铁路企业参与国际市场竞争创造条件。通过依法治企，在世界贸易活动中，能够及时有效地利用法律处理贸易纠纷，为维护铁路企业合法权益保驾护航。

总而言之，依法治企在铁路企业管理中有着重要的作用和深远的意义。随着我国经济的发展和世界接轨、企业现代化经营管理制度的建立，依法治企不仅能够确保铁路企业适时规避法律风险，提高经济效益，还能有效改善铁路内部的经营管理模式，让铁路企业以饱满的姿态迎接激烈的市场竞争，进一步促使铁路企业健康、稳步、快速地向前发展。

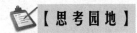 【思考园地】

阅读以上材料，谈谈制定铁路法的必要性。

铁路法治是国家法治的一部分，认真落实依法治国的方略，加强铁路法制建设，依法规范铁路运输经营管理，依法保障大规模铁路建设的实施，依法维护铁路运输和铁路建设的秩序，对于和谐铁路建设具有重要的意义。

## 一、《中华人民共和国铁路法》的基本精神和主要内容

### （一）《中华人民共和国铁路法》的立法目的和适用范围

《中华人民共和国铁路法》（以下简称《铁路法》）于 1991 年 5 月 1 日起施行。《铁路法》是调整政府机关、企事业单位、其他社会团体以及公民与铁路运输企业在铁路运输营业、铁路运输管理、铁路建设及铁路安全与防护等方面建立的各种社会关系的法律规范的总称。《铁路法》是国家管理铁路的重要法律，也是制定铁路规章制度、实施铁路运输和铁路建设管理所必须遵循的法律依据。

《铁路法》的立法目的主要有三点。

#### 1. 保障铁路运输的顺利进行

铁路作为国家重要的基础设施，综合运输体系的骨干，大众化的交通工具，在经济社会发展中具有特殊的地位和作用，承担着十分繁重的客货运输任务。随着国民经济的快速增长，铁路运输面临着许多新的问题，如铁路运输持续紧张，运输负荷不断加重；铁路列车速度不断提高；铁路运输的沿线环境与管理对象，发生了重大变化等。铁路运输面临的这些问题，必须通过立法规范各方面的权利和义务，才能确保铁路运输的安全与畅通。

#### 2. 保证铁路建设的顺利进行

目前，铁路建设投资主体呈现多元化趋势，铁路工程建设领域出现了许多新情况和新问题。为此，必须通过立法，规范铁路建设管理和建设市场的行为，提高铁路建设的社会经济效益，为又快又好完成大规模铁路建设任务提供强有力的保证。

#### 3. 适应社会主义现代化建设和人民生活的需要

铁路是国家的重要基础设施，是大众化的交通工具，与国家的现代化建设、国民经济的发展水平、人民群众的生活水平息息相关。《铁路法》要求铁路运输和铁路的建设必须为人民的生活、为社会主义现代化建设服务，适应国民经济发展，其最终的落脚点是"以人为本"，为广大人民群众创造安全稳定的生存发展环境，为构建社会主义和谐社会创造基础性、前提性条件。这是我们党权为民所用、情为民所系、利为民所谋执政理念的重要体现。

铁路法的适用范围即铁路法的效力，是指铁路法在地域、时间和关系人等方面产生的效力。

（1）地域效力。

凡在我国领域内的国家铁路、地方铁路、专用铁路和铁路专用线、合资铁路（国内）、中外合资铁路都在铁路法的适用范围内。

其中国家铁路是指由国务院铁路主管部门管理的铁路；地方铁路是指由地方人民政府管理的铁路；专用铁路是指由企业或其他单位管理的，为本企业或本单位内部提供运输服务的铁路；铁路专用线是指由企业或其他单位管理的与国家铁路或其他铁路线路接轨的岔线。

（2）时间效力。

始于生效之日，终于废止之日。《铁路法》没有溯及既往的效力。

（3）对关系人的效力。

凡是在我国境内乘坐火车的每个旅客或者托运物品的每个发货人、收货人都要依铁路法的有关规定，进行铁路运输活动，履行自己的义务。

 案例

"12.10" 京广线安阳站铁路交通事故

一、事故基本情况

1. 事故概况

2016 年 12 月 10 日上午，郑州铁路局新乡电务段安阳信号车间安阳北检修工区在京广线安阳站组织加装道岔融雪装置作业，现场共 10 名作业人员。其中，安阳北检修工区人员 3 人，卫辉市之月建筑工程修建处 7 人。9 时 41 分，X103 次行包列车运行至安阳站 166#道岔区域处，撞轧现场作业人员 6 人，造成 6 人死亡。

2. 应急处置情况

12 月 10 日 9 时 43 分，安阳车站值班员接到 X103 次司机报告机车与作业人员相撞后，立即报告列车调度员，通知相关单位，核对停车位置、设备状况及影响范围等情况，同时拨打 "120" 急救电话。10 时 15 分，"120" 急救人员到达现场，确认 6 名被撞人员死亡，公安人员对现场进行了勘查取证。列车于 10 时 28 分恢复运行。

3. 事故单位情况

事故发生单位为郑州铁路局新乡电务段安阳信号车间，管辖区段涉及京广线、瓦日线。事故发生工区安阳北检修工区主要负责安阳站安阳客场室外信号设备维修工作；事故相关工区值班工区主要负责安阳站、安阳驼峰场室内信号设备维修及驻站联络、防护工作。

二、事故造成的人员伤亡和直接经济损失

事故造成 6 人死亡，包括新乡电务段安阳信号车间安阳北检修工区 2 人，卫辉市之月建筑工程修建处 4 人。

事故造成 X103 次机车部分配件受损，设备损失 4505 元。

三、事故发生的直接原因

经调查，事故发生时 X103 次列车比图定运行时间早点 16 分钟通过安阳站，负责现场防护工作的安阳北检修工区吴某某没有在规定位置按标准进行安全防护，没有保持与驻站联络员的信息联控；负责驻站联络的值班工区曹某，没有在 X103 次列车早点通过上一车站时向现场进行第一次预告，在第二次、第三次预告没有得到现场防护员回复的情况下，未及时采取有效措施防护。作业现场安全防护失效是导致事故发生的直接原因。

四、对事故责任者的处理情况

根据事故责任追究的权限，中国铁路总公司、郑州铁路局、新乡电务段依据事故等级、责任认定和有关规定，对事故责任者和有关管理人员共 22 人作出处理。

（1）对郑州铁路局相关负责人 3 人分别给予政纪处分。作为企业主要负责人，对事故发生负有领导责任。中国铁路总公司分别给予郑州铁路局局长、党委书记警告处分，给予分管副局长记过处分。

（2）对郑州铁路局电务处负责人及相关科室负责人员 3 人分别给予政纪处分。郑州铁路局电务处对电务段加装道岔融雪装置项目组织安排粗放，具体实施方案专业管理指导监督不力，施工计划把关流于形式，现场情况不掌握。郑州铁路局分别给予郑州铁路局电务处处长、分管副处长撤职处分，给予信号科副科长警告处分。

（3）对郑州铁路局新乡电务段负责人 4 人分别给予党纪政纪处分。新乡电务段领导责任落实不到位，施工安全管理混乱，卡控措施缺位失效。郑州铁路局分别给予新乡电务段段长、党委书记、分管生产副段长行政撤职、撤销党内职务处分，分管安全副段长免职，给予记大过处分。

（4）对新乡电务段相关科室、安阳信号车间及工区相关人员 12 人分别给予党纪政纪处分。新乡电务段相关科室没有编制道岔加装融雪装置Ⅲ级施工安全技术组织措施，对施工"天窗"外作业审批随意，安阳信号车间、工区将本该施工"天窗"内的施工项目放在施工"天窗"外施工作业，车间干部未到现场盯控。工区对防护工作不重视，没有按规定进行防护。在施工现场遇雾霾天气时疏于防范，没有采取进一步的严格防护措施。新乡电务段分别给予信号技术科、安全调度科、安阳信号车间、安阳北检修工区有关人员 12 人行政撤职、记大过、记过、撤销党内职务、留用察看处分。

五、事故防范和整改措施建议

（1）进一步增强安全生产红线意识。郑州铁路局各级管理者要牢固树立安全发展理念，坚守发展绝不能以牺牲人的生命为代价这条不可逾越的红线，坚持安全第一、预防为主、综合治理的方针，切实履行安全生产主体责任，依靠严密的责任体系、严格的法治措施、有效的体制机制、有力的基础保障和完善的系统治理，切实增强安全防范治理能力，全面提高安全管理水平。

（2）深入开展安全生产大检查。郑州铁路局要深刻吸取事故 教训，举一反三，深入开展安全生产大检查，全面排查各类安全隐患，坚持问题导向，狠抓安全生产主体责任落实，务求实效，着力堵塞安全管理漏洞，坚决防范和杜绝此类事故再次发生。

（3）全面加强现场作业管理。郑州铁路局要规范劳动用工管理，加强从业人员教育培训，狠抓规章制度落实和作业标准落实；各级干部要强化责任意识，加强现场安全盯控，对生产一线违章违纪行为要加大检查和责任追究力度，及时纠正简化作业程序和违章作业行为。

（4）切实加强专业管理。郑州铁路局各级专业部门要落实"管生产必须管安全"的要求，加强对本系统整体工作和突出风险的掌握，从规章制度和技术标准的制定、技术方案的审批、安全措施的落实等方面，切实负起专业管理职责，特别要坚持重心下移，加强对一线指导监督。

（5）加强营业线施工安全管理。郑州铁路局要强化设备改造计划管理，科学制定施工维修计划，合理安排"天窗"作业工作量，提高"天窗"作业效率和质量。加强施工方案的制定和审批工作，抓好现场防护等关键环节控制，严肃查处点外上道作业、擅自变更作业计划、盯控制度不落实、防护不到位等严重违章问题，确保施工安全。

（二）铁路运输营业

1. 铁路运输管理体制

《铁路法》从铁路运输内部关系和外部关系两个方面，规定了我国铁路的运输管理体制。国务院铁路主管部门主管全国的铁路工作，对国家铁路实行高度集中、统一指挥的运输管理体制，对地方铁路、专用铁路和铁路专用线进行指导、协调、监督和帮助。

国家铁路运输企业行使法律、行政法规授予的行政管理职能。具备相应的行政管理职能是国家铁路运输企业区别于其他铁路运输企业的重要标志，也是国家铁路运输企业特殊性的体现。国家铁路运输企业的行政管理职能主要包括：地方铁路运价决定权、地方铁路建设审批权、运输安全检查权、卫生监督和检疫处罚权、违反铁路安全的处置权等。

铁路沿线地方政府协助管理铁路工作。《铁路法》规定，铁路沿线地方人民政府负有协助管理铁路工作的责任，这也构成了铁路运输管理体制的重要内容。铁路沿线各级地方人民政府，主要着眼点在于对铁路外部环境进行管理，具体包括：县级以上人民政府在土地利用总体规划中为远期扩建、新建铁路安排需要的土地；有关地方人民政府应当支持铁路建设，协助铁路运输企业做好铁路建设征用土地工作和拆迁安置工作；对侵占铁路建设征用地的行为，由县级以上地方人民政府土地管理部门责令停止侵占，赔偿损失；在城市规划区设置平交道口，由当地人民政府与铁路运输企业或其他单位共同管理；铁路沿线地方政府有责任保证铁路线路和路基的安全，对铁路线路两侧地界以外的山坡地作水土保持的重点整治；地方公安机关有责任维护铁路沿线的治安秩序等。

### 2. 铁路运输企业

《铁路法》规定，铁路运输企业主要是指国家铁路运输企业和地方铁路运输企业。

国家铁路运输企业目前特指铁路局，铁路局是具有法人资格的民事主体，独立核算，自主经营，自负盈亏，独立承担民事责任可以根据法律的授权行使一定的行政管理权。

铁路的站段是铁路运输企业内部的基层组织，依法不具备从事经营活动所必须的权利能力和行为能力。也就是说，铁路的站段没有企业法人的资格，在从事生产经营活动时期不能以企业法人的身份对外，它只能以铁路局的名义代表铁路局进行经济活动、承担经济责任。

地方铁路运输通常是指省、自治区、直辖市的地方铁路总公司、地方铁路局和地方铁路处等。地方铁路运输企业依据地方省级人民政府的授权，在法律规定的范围内从事运输生产活动，独立经营，独立核算，独立承担法律责任。

铁路运输企业的性质可以概括为以下三个方面。

（1）企业性。铁路运输企业是自主经营、自负盈亏、独立核算的经济组织。它作为独立的具有法人资格的经济实体，对国家授予其经营管理的财产，享有占有、使用和依法处分的权利并以其全部法人财产，独立承担法律责任。

（2）公益性。这是铁路运输企业很重要的一个特点。作为社会公用企业，其主要表现有三：一是铁路运输企业的一切经济活动，必须首先考虑社会效益，其次考虑自身的经济效益；二是要依据法律、法规的授权，行使一定的行政管理权；三是根据《中华人民共和国企业破产法》的规定，铁路运输企业作为公用企业不适用《中华人民共和国企业破产法》的规定。由于铁路有公益性的特点，铁路必须无条件地服从国家大局的需要，承担军运、专运和救灾物资等的运输任务。

（3）基础性。铁路运输在我国综合运输体系中居于主导地位，它是我国经济和社会发展过程中最重要的基础结构之一，也是我国社会经济最重要的纽带。

案例

---

### "8.22" 乌将线货物列车脱轨铁路交通较大事故

一、事故基本情况

1. 事故概况

2020 年 8 月 22 日 21 时 11 分，83884 次货物列车运行至乌将线甘泉堡至米泉站间约 K31+300 处发生列车脱轨，造成机次第 1 至 39 位车辆脱轨颠覆，中断乌将线行车 20 小时 36 分，构成铁路交通较大事故。

2. 应急处置情况

事故发生后，乌鲁木齐局集团公司立即启动应急预案，组织成立现场救援抢险指挥部，开展应急救援。兰州铁路监督管理局接到事故报告后，立即按照国家铁路局要求赶赴事故现场，指导做好应急救援、组织开展事故调查。经救援，8 月 23 日 17 时 47 分恢复乌将线行车。

3. 事故造成的人员伤亡及直接经济损失

事故未造成人员伤亡，合计直接经济损失 908.42 万元。

二、事故发生原因

脱轨地段线路曲线圆顺度不符合维修标准，正矢连续差和最大最小值差超标，脱轨处所线路轨向不良，动态检查发现的轨道偏差未及时整修，且曲线钢轨存在磨耗伤损，列车通过时钢轨折断，造成 83884 次列车脱轨。

三、事故定性定责

依据《铁路交通事故应急救援和调查处理条例》和《铁路交通事故调查处理规则》有关规定，该起事故为责任事故，事故等级为较大事故。

定乌鲁木齐局集团公司全部责任。

四、对事故有关责任人员的处理意见

责成乌鲁木齐局集团公司根据干部管理权限和有关规定，对设备管理和养护维修等有关单位事故责任者和相关管理人员严肃问责，并将处理结果报兰州铁路监督管理局。

五、整改措施建议

（1）深刻吸取事故教训，牢固树立安全生产红线意识和底线思维，强化安全风险管控，提升"以设备质量保安全"的意识，加强设备设施专业技术管理，完善设备设施检查维护手段，健全安全管理制度，不断提升主要行车设备质量。

（2）开展安全隐患排查，结合疫情防控常态化要求，立即开展设备质量安全隐患排查整治，加强现场作业过程控制，确保铁路运输安全稳定。

（3）严格落实线路养护维修标准，合理制定维修计划，加强动静态检查和分析研判，保证必要的安全生产投入，不断提高设备维修质量。

## （三）铁路运输合同

### 1. 铁路运输合同概述

铁路运输合同是明确铁路运输企业与旅客、托运人及收货人之间权利义务关系的协议。铁路货物运单、行李票、包裹票、旅客车票是合同的组成部分。

铁路运输合同除了具有一般民事合同所具有的共同特点外，还具有其本身独有的特点，主要表现在：第一，铁路运输合同是计划性很强的合同，体现着明确的计划性；第二，铁路运输合同是标准格式合同，铁路的旅客车票、行李票、包裹票和货运单都是格式合同，其主要内容、基本条款及具体形式，均由国务院铁路主管部门统一制定，当事人不得自行更改；第三，铁路运输合同有些基本内容具有法律上的强制性，有些基本内容当事人不能约定，不能变更和修改，如旅客票价率、货物运价率等内容；第四，铁路运输合同的主体具有特殊性。铁路运输合同大多有第三人参加，在一般情况下，参加签订运输合同的当事人是承运人和托运人，托运人与收货人不是同一人时，收货人就成为参加货物运输合同关系的第三人，享有一定的权利并承担相应的义务。

铁路运输合同根据其内容可以分为：铁路货物运输合同、铁路旅客运输合同、铁路包裹运输合同和铁路行李运输合同。

### 2. 铁路运输合同的构成要素

铁路运输合同由合同的主体、客体和内容三个要素构成。

铁路运输合同的主体包括铁路运输企业、旅客、托运人和收货人。铁路运输企业在铁路运输合同关系中称为承运人。旅客作为铁路运输合同的主体，是指持有效乘车凭证乘车的人员以及按照铁道部有关规定负责乘车的儿童。托运人就是指把货物、包裹或者行李交付铁路运输的人。它可以是自然人、法人或者其他社会组织。收货人是指到站领取托运货物的人。

铁路运输合同的客体是指铁路运输的劳务行为。必须注意的是，铁路运输的对象是旅客或者货物、行李和包裹，但旅客或货物、行李、包裹不是铁路运输合同的客体，只有铁路运输的劳务行为才是铁路运输合同的客体。

铁路运输合同的内容包括承运人的权利与义务、托运人的权利与义务、收货人的权利与义务三个方面。

（1）承运人的权利义务。根据《铁路法》的规定，铁路运输企业主要有以下权利：

有权对托运人填报的货物、包裹的品名、重量、数量进行检查；对托运人申报不实的，有权按照有关规定加收运费和其他费用；有权按照规定向托运人收取运费、杂费，托运人不按规定交付运费和杂费的，有权拒绝承运；有权向逾期领取货物、包裹、行李的收货人和旅客收取保管费；对因旅客、托运人或者收货人的责任给铁路运输企业造成财产损失的，铁路运输企业有权要求当事人承担赔偿责任，对无票乘车或者持失效票乘车的，铁路运输企业有权补收票款，并按规定加收票款，对拒不补交票款或者加收票款的，铁路运输企业有权责令其下车；对自承运人发出领取货物通知之日起满三十日仍无人领取的货物，或者收货人书面通知承运人拒绝领取的货物，承运人应当通知托运人，托运人自接到通知之日满三十日未做答复的，或者自承运人发出领取货物通知之日起满九十日仍无人领取的包裹或者到站满九十日仍无人领取的行李，铁路运输企业有权依照法定程序进行变卖等。

铁路运输企业主要承担以下义务：有义务按照合同约定的期限或中国铁路总公司规定的运到期限，安全地将旅客、货物、包裹、行李运到合同约定的地点；除法律规定可以免责的以外，承运人对承运的货物、包裹、行李，自承运时起到交付时止发生的灭失、短少、变质、污染、损坏，承担赔偿责任。因检查造成货物、包裹中的物品损坏的，也应当赔偿损失；有义务采取有效措施做好旅客运输服务等。

（2）托运人的权利义务。根据《铁路法》的规定，托运人的权利主要有：有权要求承运人按合同约定的期限和中国铁路总公司规定的期限将货物完整无损地运达约定地点，交给收货人；由于承运人的责任造成货损、货差或逾期运到的，有权要求承运人支付违约金、赔偿金。逾期三十日仍未交付托运的行李、包裹时，按灭失向承运人要求赔偿。托运人负有的义务是：按照货物运输合同约定的时间和要求向承运人交付托运的货物；按规定向承运人支付运费杂费；按国家规定标准包装货物；如实填报货物运单和物品清单。

（3）收货人的权利义务。根据《铁路法》的规定，收货人的权利是：有权在货物到达后凭有关凭证（提单）领取货物；在领取货物时，发现运单与实际不符的，有权查询，发现货物缺少、损坏的，有权要求赔偿。收货人的义务是：及时领取货物，逾期领取时须交付保管费；交付按规定应由收货人交付的有关运费和其他费用。

（4）旅客的权利义务。根据《铁路法》的规定，旅客的权利主要是：因铁路运输企业的责任，造成旅客不能按车票载明的日期、车次乘车时，有权要求铁路运输企业退还全部票款或安排改乘到达相同目的站的其他列车；对由于铁路运输企业的责任造成的行李逾期到达、遗失或损毁的，有权要求铁路运输企业承担违约责任。旅客的义务主要是：必须购买车票乘车，无票乘车或持无效票乘车的，应当履行补票义务，并交付按规定加收的票款；托运行李的旅客应当及时领取行李，逾期领取的，有义务按规定交付保管费。

3. 铁路运输合同订立与违约责任

（1）铁路运输合同的订立。根据《中华人民共和国合同法》和《铁路法》的有关规定，铁路运输合同由旅客、托运人与承运人协商签订。订立合同的过程也需要经过要约和承诺两个阶段。除长期货物运输合同外，铁路运输合同都采用标准格式合同。

（2）铁路运输合同的违约责任。铁路运输合同当事人违反铁路货物运输合同，应承担违约责任；根据《铁路法》的规定，因旅客、托运人、收货人的责任给铁路运输企业造成财产损失的，由旅客、托运人、收货人承担赔偿责任。铁路运输企业违反铁路运输合同，不履行合同义务或者履行合同义务不符合合同约定的应承担违约责任。由第三人的过错造成的货损，不能免除铁路运输企业的赔偿责任。但是，依据法律的规定，由于下列原因之一造成货物丢失、短少、变质、污染、损坏时，铁路运输企业不承担赔偿责任：不可抗力造成；货物本身的合理损耗；货物本身性质引起的碎裂、生锈、减量、变质或自燃等；托运人、收货人或押运人造成的损失。

根据《铁路法》和相关法律的规定，承担违反铁路运输合同责任的主要方式是支付违约金和赔偿损失。铁路运输企业未按合同约定的期限或中国铁路总公司部规定的期限，将货物、包裹、行李运到目的站的，铁路运输企业应当按所收运费的 5%～20% 支付违约金；托运人因申报不实，而少交运费和其他费用的，应当按照中国铁路总公司部有关规定向铁路运输企业支付加收的运费和其他费用；收货人逾期领取货物、包裹、行李的，应当向铁路运输企业支付保管费，并支付托运人未付或少付的费用；违反铁路运输合同造成损失的，按直接损失赔偿。

### 4. 铁路运输合同争议的处理

发生铁路运输合同争议时，铁路运输企业和托运人、收货人或旅客可以通过调解解决，不愿意调解或调解不成的，当事人可以依据合同中的仲裁条款或者事后达成的书面仲裁协议向仲裁机构申请仲裁。根据《铁路法》第三十二条第二款的规定："当事人一方在规定的期限内不履行仲裁机构的仲裁决定的，另一方可以申请人民法院强制执行。"仲裁机构一旦做出仲裁决定，对当事人即具有法律约束力，当事人必须执行。对仲裁决定不服的，不能再向法院起诉。

若当事人没有在合同中订立仲裁条款，事后又没有达成书面仲裁协议的，可以向人民法院起诉。铁路运输合同诉讼的管辖权属于铁路运输法院，由到站或发站所在地的铁路法院管辖。

案例

2006 年 1 月 20 日，丁某在北京西客站购买一张同年 1 月 21 日 8 时 10 分由北京西开往郑州的 T49 次新空调硬座特快无座火车票，票价为 108 元。

原告认为依据公平原则，既然无座票价格与座票价格相同，享受的服务应该相同，或者购买无座票的价格应该低于座票价格的 20%～40% 才算公平合理。但实际是被告享受了座票价格权利，却没有履行相当于座票价值的服务义务，被告剥夺了原告应享有的服务。被告向原告以座票的价格出售无座车票，违反了《消费者权益保护法》的自愿、平等、公平交易原则。

北京铁路运输法院认为：从与铁路客票价格相关的规定看，被告北京铁路局无权制定、变更票价，必须按照国务院铁路主管部门公布的票价表执行。

法院认为原告明知是无座票而自愿选择购买，被告在原告要求购买的情况下，按照政府有关部门公布的硬座票价出售无座票，双方是在平等自愿的基础上订立的铁路旅客运输合同。该合同依法成立，合法有效，且双方已经按票面载明的内容自愿履行了各自的合同义务，实现了各自的合同权利。因此，原告要求变更合同价款的诉讼请求没有事实和法律依据，法院不予支持。

## （四）铁路安全与保护

铁路安全与保护是指铁路运输企业对铁路运输设施、列车和车站的安全以及对铁路沿线环境应承担的保护义务与责任等。安全运输是铁路运输最基本的要求，主要有四个方面的内容。

### 1. 铁路站车的安全保障

搞好铁路列车和车站的安全保障工作，确保旅客生命和财产的安全是铁路运输首要的工作任务。其主要内容有以下四点。

一是禁止携带危险品进站上车或者以非危险品的品名托运危险品。铁路公安人员和国务院铁路主管部门规定：铁路职工有权对旅客携带的物品进行运输安全检查，但是运输安全检查的铁路职工应当佩带执勤标志。

二是确保良好的铁路治安管理秩序和铁路运输秩序。对于破坏铁路行车设备，扰乱车站秩序，危害旅客人身、财产安全的，铁路职工有权制止，铁路公安人员可以予以拘留。

三是做好卫生检疫、防止传染病流行。在车站和旅客列车内发生法律规定需要检疫的传染病时由铁路卫生检疫机构进行检疫。根据铁路卫生检疫机构的请求，地方卫生检疫机构应予以协助。

四是铁路公安机关和地方公安机关分工负责，共同维护铁路治安秩序。铁路车站和列车内的治安秩序，由铁路公安机关负责维护；铁路沿线的治安秩序，由地方公安机关和铁路公安机关共同负责维护，以地方公安机关为主。

### 2. 铁路行车安全管理

铁路行车安全管理主要有以下三个方面的内容。

一是铁路道口的安全管理。《铁路法》规定，禁止擅自在铁路线路上铺设平交道口和人行过道；平交道口和人行过道必须按照规定设置必要的标志和防护设施；行人和车辆通过铁路平交道口和人行过道时，必须遵守有关通行的规定。

二是铁路运营用电负荷的电力供应保障。《铁路法》规定，电力主管部门应当保证铁路牵引用电以及铁路运营用电中重要负荷的电力供应。

三是行车瞭望的安全保护。《铁路法》规定，在铁路弯道内侧、平交道口和人行过道附件，不得修建妨碍行车瞭望的建筑物和种植妨碍行车瞭望的树木；修建妨碍行车瞭望的建筑物的，由县级以上地方人民政府责令限期拆除，种植妨碍行车瞭望的树木的，由县级以上地方人民政府责令有关单位或个人限期迁移或者砍伐；违反上述规定，给铁路运输企业造成损失的单位或者个人，应当赔偿损失。

3. 路基安全保护

铁路路基是轨道的基础，是重要的铁路运输设施之一。《铁路法》规定，在铁路线路和铁路桥梁、涵洞两侧一定距离内，修建山塘、水库、堤坝，开挖河道、干渠、采石挖砂，打井取石，影响铁路路基稳定或者危害铁路桥梁、涵洞安全的，由县级以上地方人民政府责令停止建设或者限期恢复原状或者责令采取必要的安全防护措施，在铁路线路上架设电力、通信线路，埋置电缆、管道设施，穿凿通过铁路路基的地下坑道，必须经铁路运输企业同意并采取安全防护措施。

对铁路地界（即铁路留用土地）内外的山坡地，还要做水土保持工作和整治工作，对整治工作的分工，《铁路法》规定：铁路线路两侧地界以外的山坡地由当地人民政府作为水土保持的重点进行整治；铁路隧道顶上的山坡地由铁路运输企业协助当地人民政府进行整治；铁路地界以内的山坡地由铁路运输企业进行整治。

4. 铁路交通事故处理

铁路交通事故是指在铁路运营过程中发生的行车事故和路外伤亡事故。对铁路交通事故的处理，《铁路法》规定，发生铁路交通事故时，铁路运输企业应当按照国务院和国务院有关主管部门关于事故调查处理的规定办理，并及时恢复正常通车，任何单位和个人不得阻碍铁路线路开通和列车运行。因铁路行车事故及其他铁路运营事故造成人身伤亡的，铁路运输企业应当承担赔偿责任；如果造成人身亡是因不可抗力或者由于受害人违章通过平交道口或人行通道在铁路线路上行走、坐卧等自身的原因造成的，铁路运输企业不承担赔偿责任。

（五）社会公众对铁路运输安全应尽的义务及应承担的相关责任

公民有爱护铁路设施的义务。禁止任何人破坏铁路设施，扰乱铁路运输的正常秩序。任何单位或者个人不得实施危害铁路运输安全的行为；任何单位或者个人不得实施危及铁路通信、信号设施安全的行为；任何单位或者个人不得实施危害电气化铁路设施的行为。

如若发生违反《铁路法》的行为，将根据违法性质及所造成的后果，依法承担行政责任、民事责任和刑事责任。

**案例**

> 被告人王田、王福、郑明、蒋俊在天津铁路分局曹庄火车站停留的货物列车上多次盗窃铁路运输物资。2001年3月18日23时许，王福伙同王田、郑明等四人在曹庄火车站三道停留的35001次货物列车的一节棚车上盗窃，从车上相继推下4个旧汽车轮胎，其中的一个轮胎从车上滚下后侵入相邻的铁路线，被通过的2085次旅客列车碾轧，使列车机后第四至第七位车厢的风管断开，轮胎卡在了第七位车厢后部台车制动梁下，将制动梁顶起，造成了该列车停留50分钟。该行为足以使列车发生脱轨的危险，同时影响后续一列特快列车行车31分钟，共计影响行车81分钟，使铁路运输企业间接经济损失达16万余元。
>
> 该案经过合议庭合议，依法对王田、郑明、蒋俊以盗窃罪进行了定罪量刑，对王福除认定其犯有盗窃罪外，还对其2001年3月18日夜盗窃汽车轮胎造成破坏交通设施的后果，以破坏交通设施罪进行了定罪，并对两罪并罚。

## 二、《中华人民共和国劳动法》的基本精神和主要内容

《中华人民共和国劳动法》（以下简称《劳动法》）是我国第一部保护劳动者的合法权益、调整劳动关系的重要法律。它以保护劳动者的合法权益为宗旨，是我国社会主义市场经济法律体系的重要组成部分。

### （一）《劳动法》的基本原则

《劳动法》的基本原则是指包含在整个劳动法体系之中，集体体现劳动法的本质和基本精神，贯穿于劳动法的立法、执法、司法的全过程的总的指导思想和根本准则。它是劳动法的核心和灵魂。

#### 1. 劳动权利义务相统一的原则

劳动是公民的权利，即我国每一个有劳动能力的公民都有从事劳动的同等权利。这对公民、用工单位和国家都有特定的法律意义。对公民来说，意味着享有包括就业权和择业权在内的劳动权。对用人单位来说，意味着必须尽可能提供更多的就业岗位，

平等地录用符合录用条件的职工，履行提供社会保险、就业服务、职业培训等方面的应尽职责，并且不得以任何方式阻碍公民劳动权的实现。对国家来说，意味着应当为公民实现劳动权提供保障。劳动也是公民的义务，这是宪法的规定，也是从劳动尚未普遍成为人们生活第一需要的现实和社会制度的要求出发提出的。

2. 保护劳动者合法权益原则

保护劳动者的合法权益，历来是各国劳动法所奉行的主旨。劳动者权利的内容相当广泛，包括劳动权、获取劳动报酬权、劳动保护权、休息休假权、职业培训权、物质帮助权、参与企业民主管理权等。劳动法应当以具体落实宪法中关于劳动者权益的规定为己任，对劳动者合法权益的保护，应当是偏重保护、平等保护、全面保护和最基本的保护。

3. 劳动法主体利益平衡原则

劳动法主体主要包括国家、用人单位和劳动者，劳动法主体利益平衡就是要求尽量实现这三方利益的平衡。劳动法的立法宗旨从根本上说就是为了实现劳动法主体三方权益的平衡，劳动法的具体条文应在充分考虑、衡量了三方主体利益之后确定。

（二）劳动者的基本权利和义务

（1）平等就业的权利。即符合我国劳动法规定的劳动者享有获得职业的权利。

（2）选择职业的权利。劳动者可以根据自己意愿选择适合自己才能、爱好的职业。

（3）取得劳动报酬的权利。劳动者在与用人单位签订劳动合同时必须具备有约定劳动报酬的条款。

（4）休息休假的权利。我国劳动法规定的休息时间包括工作间歇、两个工作日之间的休息时间、公休日、法定节假日以及年休假、探亲假、婚丧假、事假、生育假、病假等，用人单位不得剥夺劳动者合法的休息休假权。

（5）获得安全卫生保护的权利。作为一个公民，生命安全与身体健康是公民依法享有的基本权利，用人单位在为劳动者安排工作的时候需要确保劳动者的安全问题得到保障。

（6）接受职业技能培训的权利。职业技能培训是指对准备就业的人员和已经就业的职工，以培养其基本的职业技能或提高其职业技能为目的而进行的技术业务知识和实际操作技能教育和训练，劳动者接受职业技能可以说是保障劳动者平等就业和选择职业的基础。

（7）享受社会保险和福利的权利。社会保险是国家和用人单位依照法律规定或合同的约定，对具有劳动关系的劳动者在暂时或永久丧失劳动能力以及暂时失业时，为保证其基本生活需要，给予物质帮助的一种社会保障制度。劳动者与用人关系建立劳动关系之后，用人单位有义务为用人单位办理缴纳社保。

（8）提请劳动争议的权利。在劳动者与用人单位发生劳动争议的时候，劳动者有权向劳动争议仲裁委员会依法申请调解或仲裁，提起诉讼。

当然，权利和义务是密切联系的，任何权利的实现总是以义务的履行为条件，没有权利就无所谓义务。《劳动法》在保护劳动者基本权利的同时也规定劳动者具有以下基本义务。

（1）劳动者应当履行完成劳动任务义务。劳动者在与用人单位建立劳动关系后，完成劳动任务是劳动者强制性的义务。劳动者不能完成劳动义务，就意味着劳动者违反劳动合同的约定，用人单位可以解除劳动合同。

（2）劳动者具有提高自身职业技能的义务。劳动者享有接受职业技能培训的权利，同时也具有提高自身职业技能的义务，这也是对劳动者完成劳动任务的保障。

（3）执行劳动安全卫生规程。劳动者在从事劳动的时候享有生命安全和身体健康的权利，国家与用人单位为了保障劳动者获得安全卫生保护权利，而指定的劳动安全卫生规程劳动者需要执行。如果是因为劳动者自身未执行劳动安全卫生规程而导致的损害，劳动者自身需要负责。

（4）遵守劳动纪律。劳动纪律是劳动者在共同劳动中所必须遵守的劳动规则和秩序，宪法规定遵守劳动纪律是公民的基本义务。

（5）遵守职业道德。职业道德是从业人员在职业活动中应当遵循的道德，劳动者在从事劳动过程中需要忠于职守，对社会负责。


（三）劳动合同

劳动合同是劳动者与用工单位之间确立劳动关系，明确双方权利和义务的协议。

劳动合同的结构：①劳动合同期限；②工作内容；③劳动保护和劳动条件；④劳动报酬；⑤劳动纪律；⑥劳动合同终止的条件；⑦违反劳动合同的责任。

劳动合同除上述规定的必备条款外，当事人可以协商约定其他内容。


（四）劳动争议

劳动争议又称劳动纠纷，是指劳动关系双方当事人因执行劳动法律、法规或履行劳动合同、集体合同发生的争议，包括因开除、除名、辞退职工和职工辞职，自动离职发生的争议；因执行国家有关工时、工资、保险、福利、培训、劳动保护的规定发生的争议；因履行劳动合同发生的争议；法律、法规规定的其他劳动争议。

劳动争议的处理部门主要有劳动争议调解委员会、劳动争议仲裁委员会和人民法院。劳动争议调解委员会，是用人单位内依法成立的调解劳动争议的群众性组织，由职工代表、用人单位代表和工会代表组成，劳动争议调解委员会主任由工会代表担任。劳动争议调解委员会的职责是调解本单位内部的劳动争议，劳动争议经调解达成协议的，当事人应当履行。劳动争议仲裁委员会是依法成立的行使劳动争议仲裁权的劳动争议处理机构，由劳动行政部门代表、同级工会代表、用人单位方面的代表组成，劳动争议仲裁委员会主任由劳动行政部门代表担任。

劳动争议的处理方式有：协解、仲裁、诉讼。

协商和调解不是处理劳动争议的必经程序。仲裁是解决劳动争议的必经程序，未经仲裁，不得直接起诉。提出仲裁要求的一方应当自劳动争议发生之日起 60 日内向劳动争议仲裁委员会提出书面申请。仲裁裁决一般应在收到仲裁申请的 60 日内做出，对仲裁裁决无异议的，当事人必须履行。劳动争议当事人对仲裁裁决不服的，可以自收到仲裁裁决书之日起 15 日内向人民法院提起诉讼，一方当事人在法定期限内不起诉又不履行仲裁裁决的，另一方当事人可以申请人民法院强制执行。

**案例**

某公司与毕业生小赵签订了 2 年期限的劳动合同，试用期为 3 个月。在合同期限届满前，小赵在查询自己的社保缴纳记录时，发现单位未缴纳试用期的社保。当小赵向公司提出补交的要求时，该公司人事部门告知，只有在试用期过后，公司才为员工缴纳社保，试用期间一律不为其缴纳社保费用。

根据《劳动法》规定，用人单位必须为劳动者缴纳基本养老保险、失业保险、医疗保险、工伤保险、生育保险等社会保险费用。劳动合同一旦签订，双方之间就建立了劳动关系，用人单位就必须为劳动者缴纳社保费用。由于劳动合同期限就包含试用期，所以，试用期间的毕业生应享有和其他正式员工一样的劳动权益，用人单位也就应该为大学毕业生缴纳社保费用。

**案例**

某企业和毕业生小陈签订了 5 年期的劳动合同，合同中约定试用期为 6 个月。在试用期间，小陈在工作中出现了几次小差错，这几次小差错也没有给公司造成损失。但在试用期届满前一天，公司却通知小陈，鉴于她工作中经常有出现差错，需要进一步考察，于是公司决定将试用期延长 6 个月，以观后效。

根据《劳动法》的规定，用人单位在试用期内发现劳动者不符合录用条件，可以解除劳动合同，但不能通过延长试用期对劳动者继续进行考察。

在本案中，该公司延长小陈的试用期，违反了劳动法律法规的规定，这种做法是错误的。

**【思考题】**

1. 什么是铁路运输合同，它的构成要素有哪些？
2. 铁路安全与保护的内容有哪些？

3. 什么是劳动合同？劳动争议包括的内容有哪些？

### 【活 动】 成长路上法同行

1. 活动目的

引导学生"学法、知法"，做守法的工人，用法律维护自身的权益。

2. 活动实施

（1）围绕《铁路法》《劳动法》每个人收集两个案例，在班上宣讲。

（2）在宣讲的案例中进行评比，选择八个和学生密切相关的典型案例进行板报宣传。

# 参考文献

[1]  王跃庆. 铁路职业道德[M]. 2 版. 北京：中国铁道出版社，2016.

[2]  王勇平. 铁路职业道德[M]. 北京：中国铁道出版社，2007.

[3]  王易，邱吉. 职业道德[M]. 北京：中国人民大学出版社，2009.